W0322038

Zu diesem Buch

In unserer Gesellschaft der Gesunden und Leistungsfähigen wird die Tragik von Familien mit behinderten Kindern kaum wahrgenommen. Die bekannte Autorin Barbara Beuys hat mit Eltern behinderter Kinder viele Gespräche geführt und in Selbsthilfegruppen zugehört. Daraus ist dieses Buch für die Eltern behinderter Kinder entstanden, weil nichts soviel Mut macht wie die Erfahrungen anderer. Es ist auch geschrieben für die Freunde und Verwandten dieser Eltern, die der «behinderten Familie» meist hilflos gegenüberstehen.
Hier erzählen vor allen Dingen Eltern, die es geschafft haben, zusammen mit ihrem behinderten Kind neu leben zu lernen. Sie zeigen, wie sie ihrem Kind helfen, glücklich zu sein und wie sie für sich selbst neue positive Erfahrungen gewinnen konnten.

Barbara Beuys, Jahrgang 1943, ist im Rheinland aufgewachsen. Studium der Geschichte, Philosophie und Soziologie in Köln, Promotion 1969. Barbara Beuys ist Journalistin seit 1970 (Stern, Merian, ZEIT-Magazin) und lebt in Hamburg. Außerdem lieferbar: «Vergeßt uns nicht» (rororo sachbuch 8773), «Familienleben in Deutschland» (rororo sachbuch 7849), «Der Große Kurfürst» (rororo sachbuch 7820), «Florenz: Stadtwelt – Weltstadt» (Rowohlt) sowie «Und wenn die Welt voll Teufel wär» (Rowohlt).

Barbara Beuys

Eltern behinderter Kinder lernen neu leben

rororo
Rowohlt

rororo Mit Kindern leben
Lektorat Bernd Gottwald

Umschlaggestaltung Peter Wippermann/Jürgen Kaffer
(Foto: Gary Bistram/The Image Bank)

Veröffentlicht im Rowohlt Taschenbuch Verlag GmbH,
Reinbek bei Hamburg, Februar 1993
Die Erstausgabe erschien 1984 unter dem Titel
«Am Anfang war nur Verzweiflung. Wie Eltern behinderter Kinder
neu leben lernen» im Rowohlt Verlag Reinbek bei Hamburg
Copyright © 1984 by Rowohlt Verlag GmbH,
Reinbek bei Hamburg
Gesamtherstellung Clausen & Bosse, Leck
Printed in Germany
1290-ISBN 3 499 19351 5

Inhalt

Wie alles anfing 7

Die Ärzte:
Da wird nicht viel draus 28

Verzweiflung:
Warum gerade wir? 40

Wendepunkt:
Wir haben gelernt, kleine Schritte zu machen 54

Mütter:
Ich bin auch noch da 62

Väter:
Wir sind freier geworden, über uns zu reden 75

Umwelt:
Man fällt überall auf 87

Integration:
Manchmal war ich völlig fertig 98

Beim Prozeß:
Es kam alles wieder hoch 113

Ins Heim:
Ich gebe mein Kind nicht her 125

Werden wir alle neu leben lernen? 143

Adressen 150

Wie alles anfing

«Zeichnen Sie bloß kein Schreckensbild!» war die spontane Reaktion bei Eltern und Selbsthilfegruppen, zu denen ich Kontakt aufnahm, um von den Betroffenen zu erfahren, wie eine Familie mit einem behinderten Kind in unserer Gesellschaft lebt und ob sie mit dieser schweren Krise fertig werden kann.

Viel zu häufig machen Ängste, Hilflosigkeit und Mißtrauen ein unverkrampftes Miteinander von behinderten und nichtbehinderten Menschen, obwohl sie Tür an Tür leben, immer noch unmöglich. Da herrscht die Angst, von oben herab bejammert und bemitleidet zu werden, weil die Tochter oder der Sohn im Wettrennen um Erfolg, Anerkennung und Leistung nicht mithalten kann. Eltern sind verletzt, weil die Liebe zu ihrem Kind – die selbstverständlichste Sache der Welt – von Nachbarn wie Freunden in Frage gestellt wird, nur weil dieses Kind den allseits akzeptierten Vorstellungen von Schönheit, Gesundheit und geistiger Entwicklung nicht entspricht. Mütter und Väter argwöhnen nach bitteren Erfahrungen, daß die angebotene Hilfe aus Pflichtbewußtsein geleistet wird oder dem überlegenen Gefühl entspringt, der Stärkere zu sein. Sie wollen kein Mitleid.

Doch hinter der Stärke, die die «Gesunden» demonstrieren, steckt oft sehr viel Schwäche und vor allem Angst, diese Schwäche zuzugeben. Sie sind hilflos, weil sie nicht wissen, wie sie sich gegenüber einem Menschen verhalten sollen, der im Rollstuhl sitzt, der nicht sprechen oder hören kann, der auch als Erwachsener nicht größer als ein Kind ist. So erstarren die Gesichtszüge der

Umstehenden in der U-Bahn oder im Kaufhaus, wo doch ein aufmunterndes Lächeln Wunder wirken könnte.

Eltern haben ein schlechtes Gewissen, weil ihr Kind ohne körperliche oder geistige Handicaps aufwächst und sie sich nicht vorstellen können, daß auch eine «behinderte Familie» Spaß am Leben hat. Nichtbehinderte sind verunsichert und voller Ängste, weil der Behinderte sie daran erinnert, daß die Werte, nach denen sie leben, und die Ziele, die sie sich setzen, schon morgen sinnlos sein können. Aber der Mensch ist ein Meister im Verdrängen zukünftiger Probleme. Wenn ihn nicht einmal die Gewißheit des Todes zum Umdenken zwingt, wieviel weniger Krankheit oder Behinderung.

Familien mit einem behinderten Kind leben am Rande der Gesellschaft, getrennt und isoliert von vielem, das den Nichtbehinderten selbstverständlich ist. Anfang der siebziger Jahre erschienen die ersten Bücher, die auf den Skandal der Benachteiligung aufmerksam machten, das Thema Behinderung – begleitet von provozierenden Aktionen – in die Öffentlichkeit brachten und das Selbstbewußtsein der Betroffenen stärken wollten. Junge Behinderte schrieben über ihr Leben und gründeten eigene Zeitschriften «Zur Emanzipation Behinderter und Nichtbehinderter». Es folgten Bücher von Experten, die sich mit ihrem Engagement und ihrem Fortschrittsglauben in bezug auf Behindertenarbeit kritisch auseinandersetzten. Väter und vor allem Mütter behinderter Kinder schrieben sich ihre Erfahrungen von der Seele, schilderten ausführlich die Probleme einer bestimmten Behinderung und halfen damit Eltern, die in ähnlicher Situation waren.

Daneben gab und gibt es zwei Arten von Büchern, die für die Betroffenen keine Hilfe sind. Kommentar einer Mutter über solche Ratgeber: *Entweder malen sie die Situation rosarot oder sie sind von einer schrecklichen Sachlichkeit. Es gibt Bücher über mongoloide Kinder mit Fotos, die sind zum Heulen, reine Horrorvisionen. Das sollte verboten werden.*

In meinem Buch stehen nicht die Kinder, sondern die «behinderten Eltern» im Mittelpunkt. Ich versuche aufzuzeigen, was sich im inneren Kreis der Familie und in bezug zur Außenwelt ereignet. Was zerstört wird und wie sich Neues entwickelt. Eltern kommen ausführlich zu den Lebenssituationen und Problemen zu Wort, mit denen alle konfrontiert werden, die ein behindertes Kind haben. *Ihre Aussagen sind hervorgehoben.*

Mein Buch erzählt keine Fallgeschichten. Es ist der Versuch, die subjektiven Erfahrungen von vielen zu bündeln und für viele andere – unabhängig von der jeweiligen Behinderung – nutzbar zu machen.

Dieses Buch lebt auch von einer Hoffnung: Daß es einem nichtbehinderten, aber engagierten Zeitgenossen möglich ist, Dolmetscher sein zu können zwischen zwei Welten, die sich so oft sprachlos gegenüber stehen. Angst, Hilflosigkeit und Aggressionen der Nichtbehinderten können letztlich nur durch Erfahrung abgebaut werden. Doch zu den ersten Schritten auf dem Weg der Normalisierung gehören Informationen und Kenntnisse darüber, welche Katastrophe die Behinderung erst einmal bedeutet und wie unendlich schwer wir alle es den Eltern machen, die aus Verzweiflung und Trauer zu einem neuen Leben finden möchten.

Bücher können die Welt nicht verändern. Aber wenn sie ein bißchen Mut machen, ein paar Mißverständnisse beseitigen und ein wenig zum Nachdenken anregen, wäre das viel.

Obwohl ich weder persönlich noch im Familienumkreis von Behinderung betroffen bin, ist sie mir seit langem nicht fremd. Vor 22 Jahren fuhr ich nach England, um dort während der Schulferien in einem Heim für Behinderte zu arbeiten und so meine Englischkenntnisse zu verbessern. Auf das, was mich dort erwartete, war ich völlig unvorbereitet. Ich hatte bis dahin Behinderte höchstens im Vorübergehen registriert und mir über ihre Situation nie Gedanken gemacht. Den Schock, den diese erstmalige Konfrontation mit behinderten Menschen bei mir auslöste, habe ich nicht vergessen. Ich blieb, um mich nicht zu blamieren – und machte Erfahrungen, die dieses Buch, obgleich so viele Jahre verstrichen sind, nicht als Zufallsprodukt erscheinen lassen. Denn dem ersten Aufenthalt in Le Court, das auf einem sanften Hügel im schönen südenglischen Hampshire liegt, folgten viele. Mein ganzes Studium lang habe ich dort jedes Jahr die Semesterferien verbracht mit Menschen, bei denen ich mich wohl fühlte.

Le Court war der Gegenstand meiner allerersten journalistischen Anstrengung. Der Artikel erschien im Juni 1964 in der *Zeit*. Ich zitiere daraus, weil er zeigt, von welchen Eindrücken mein Verhältnis zu behinderten Menschen geprägt wurde und weshalb ich überzeugt bin, daß man unreflektierte Vorurteile ablegen und dazulernen kann: «Leonard Cheshire ist ein Idealist, wie es wahrscheinlich nicht wenige gibt. Als britischer Beobachter beim Abwurf der Atombombe auf Nagasaki erschüttert und aufgerüttelt vom Grauen des Krieges, beschließt er, den zerstörenden Kräften in der Welt ein Werk konstruktiver und tätiger Nächstenliebe entgegenzusetzen ... Le Court, das erste Heim, inzwischen durch einen modernen Neubau ersetzt, wird zur Keimzelle der vierzig Heime, die allein heute in Großbritannien bestehen und in denen 926 Körperbehinderte leben. Das Zahlenverhältnis zeigt, daß der Familiencharakter tatsächlich gewahrt bleibt; bei durchschnittlich dreißig Heimbewohnern ist dies keine leere Floskel.»

Captain Cheshire hatte gleich nach dem Krieg für seine Heime eine Lebensregel aufgestellt, die sich noch in den sechziger Jahren für deutsche Ohren revolutionär anhörte: «Die Heime bieten die Atmosphäre und die Freiheit eines Familienlebens.» Ich konnte erfahren, daß dies keine leere Floskel war: «Die Haustür ist nie verschlossen. Wer mitternachts nach Hause kommt, dem hilft die Nachtschwester ohne einen schiefen Blick ins Bett ... Was aber tun diese ‹Krüppel› den ganzen Tag? Die Poliokranken und Querschnittgelähmten, die Menschen, denen ein Nervenleiden das Rückenmark zerstört hat, die Arthritiskranken, die spastisch Gelähmten? Niemand, der ein Cheshire-Heim kennt, wird diese Atmosphäre voller Arbeit, Leben und Fröhlichkeit vergessen können. Im ‹workshop› wird genäht, gezeichnet, gehämmert, gebastelt; auf dem Flur hört man das Rattern einer elektrischen Schreibmaschine; in der Dunkelkammer wird entwickelt, und vielleicht ist das Kamera-Team gerade bei einer Aufnahme.

Keiner kann ermessen, was dieses ‹neue Leben› für Menschen bedeutet, die jahrelang von einem Krankenhaus in das andere abgeschoben wurden; die als junge Menschen in einem Altersheim lebendig begraben wurden ... Langsam beginnt die englische Öffentlichkeit ihre Vorurteile gegenüber den ‹Gezeichneten› zu revidieren; Rundfunk und Presse haben ihren Anteil daran. Jahrhundertelanges Mißtrauen, Lieblosigkeit und Vorbeisehen können nicht in wenigen Jahren in ihr Gegenteil verkehrt werden, aber Tabus sind durchbrochen, Diskussionen in Gang gesetzt worden. Mit jedem Tag, den wir – im Land des Wirtschaftswunders – zögern, verlängern wir den menschenunwürdigen Zustand von Tausenden.»

Was vor zwanzig Jahren in England schon praktiziert wurde, war um diese Zeit in der Bundesrepublik noch Utopie. Vieles hat sich seitdem zum Besseren geändert. Doch Heime oder Wohngruppen, in denen für erwachsene Behinderte «die Atmosphäre und die Freiheit eines Familienlebens» herrschen, sind immer noch in der Minderzahl, ihre vermehrte Einrichtung eine Verpflichtung für jeden Staat, der sich sozial nennt.

In der Bundesrepublik werden nach realistischen

Schätzungen jährlich rund 40 000 behinderte Kinder geboren, von denen nach Meinung von Fachleuten die Hälfte durch ärztliche Fehlentscheidungen und Kunstfehler während Schwangerschaft und Geburt unheilbar geschädigt werden. Tausende von Kindern werden durch Unfälle – vor allem im Verkehr – schwer verletzt. Es steigt die Zahl der chronisch kranken Kinder. Zwei Fragen stellen sich Eltern, wenn die Tatsache der Behinderung unumstößlich ist: *Schaffen wir es, mit der Behinderung zu leben? Können wir dieses Kind lieb haben?*

Die Behinderung bricht in den allermeisten Fällen völlig unerwartet über die Eltern herein. Sie haben keinerlei Informationen oder Erfahrungen. Sie sind belastet mit den Schreckensvisionen aller Nichtbetroffenen: *Vor der Geburt meines eigenen behinderten Kindes habe ich um Mütter mit behinderten Kindern einen großen Bogen gemacht und nur gedacht: Die arme Mutter.* Ein behindertes Kind zu haben ist nicht zuletzt deshalb eine Katastrophe, weil die Eltern wissen, sie sind zur «Sonderfamilie» geworden. Sie sind ausgestoßen aus der Mehrheit der Gesunden und Tüchtigen. Alle Pläne, alle Lebensziele sind zerstört. Die Welt bleibt stehen. Sie werden nie mehr lachen können, nie mehr unbeschwert und fröhlich sein.

Die Eltern durchleben eine Krise, deren Merkmale zum Teil mit anderen Krisensituationen identisch sind. Das Erlebnis der Verzweiflung und Ausweglosigkeit wird gesteigert durch das Bewußtsein, an einen Menschen gebunden zu sein, der wahrscheinlich sein Leben lang unselbständig und auf Hilfe angewiesen ist. Es wird verstärkt, weil Eltern sehr schnell erfahren, daß sie zwar nicht mehr zum Durchschnitt gehören, aber sehr wohl von der Mehrheit unter Erwartungsdruck gesetzt werden. Sie sind Widersprüchen ausgesetzt, die unerträglich werden können. Wer ein schwer behindertes Kind nicht ins Heim gibt, gilt bei den einen als Übermensch, bei den andern als Verrückter.

Negative Weichen gegenüber der Umwelt werden in den meisten Fällen ausgerechnet von den Menschen gestellt, von denen die Eltern in ihrer Verzweiflung Hilfe und Information erwarten. Bittere Enttäuschung über Ärzte, die sie in der Stunde der Wahrheit im Stich ließen, die weder Mitgefühl zeigten noch konkrete Hinweise darüber gaben, wie das behinderte Kind sich entwickeln würde, kommt bei vielen Eltern noch nach Jahren hoch. Dieses Urerlebnis steht für viele Familien zusammen mit dem Schock über die Behinderung am Anfang: Sie sind ganz allein.

Die verstörte Reaktion von Freunden und Verwandten scheint diese Erfahrung zu bestätigen. Sie sind hilflos oder versuchen zu trösten, wo es in diesem Augenblick keinen Trost geben kann. Auch sie trifft die Diagnose «behindert» völlig unvorbereitet.

Die Eltern selbst brauchen alle Energie für sich selber und ihr Kind. Sie stecken noch zu tief in der Verzweiflung, um sich mitteilen zu können. Erst Jahre später wagen die Eltern sich einzugestehen, was allen Eltern-Kind-Klischees widerspricht: Daß die Liebe zu ihrem Kind sich nicht in dem Augenblick einstellte, als sie es zum erstenmal im Arm hielten: *Das erste Jahr hat meine Tochter nur gegessen und geatmet. Sie zeigte überhaupt keine Reaktionen, und ich hatte keinen großen Kontakt zu ihr. Es war eine schwere Zeit. Erst als ich andere Mütter sah, die mit ihren behinderten Kindern ganz normal umgingen, da konnte ich meine Tochter so annehmen, wie sie ist.*

Es ist das Beste, was Eltern behinderter Kinder passieren kann: Wenn sie von anderen betroffenen Eltern erfahren, daß man als Familie in das Zusammenleben mit einem behinderten Kind langsam hineinwächst. Wenn Eltern, die Schlimmstes durchgemacht haben, ihnen sagen: «Die Welt bleibt nicht für immer stehen. Eines Tages geht das Leben weiter.» Die Sorgen um die Zukunft verflüchtigen sich, und man beginnt, intensiv in der Gegenwart zu leben. Man lernt, kleine Schritte zu machen, und zwar einen nach dem anderen. Man empfindet über die kleinen Fortschritte des Kindes eine große Freude. Man entwickelt Phantasien und Kräfte, die man sich vorher nie zugetraut hätte. Man hilft seinem Kind, glücklich zu sein und gewinnt dabei für sich selber etwas. Es ist für Außenstehende kaum nachvollziehbar, was Eltern erleben, wenn ein Baby über zwei Jahre keinerlei Reaktionen zeigt und dann eines Tages ganz unerwartet das so oft vergebliche Lächeln der Eltern erwidert und zurücklächelt – zum erstenmal nach 730 langen Tagen. Man lernt etwas, das überall wichtig wäre, aber nur selten zusammenkommt – realistisch zu sein ohne zu resignieren: *Die Erwartungen flachen mit der Zeit ab, aber die Hoffnung geben wir nie auf.*

Es bleibt noch genug für die Negativseite: Das schlechte Gewissen, nicht alles für sein Kind getan zu haben, ist ein ständiger Begleiter der Eltern. Sie hoffen in den ersten Jahren auf Wunder, die sich nie einstellen. Vor allem die Mütter gehen davon aus, sich für dieses Kind aufopfern zu müssen und für sich selber keine Zeit mehr haben zu dürfen. Kinder sind noch schwerer konsequent zu erziehen, wenn eine Behinderung alle Unarten entschuldigt. Die Eltern lehnen jede Hilfe von Nachbarn und Freunden ab, weil angeblich nur sie selber mit ihrem Kind richtig umgehen können. Sie haben oft Angst vor Integration in Kindergarten und Schule, weil es dann für die Familie keinen Schonraum mehr gibt. Die Eltern verzichten auf weitere Kinder, um nur für das behinderte da zu sein. Aber nichts ist so verletzend und verunsichernd wie das Verhalten der Umwelt. Mit brutaler Offenheit erfahren die «behinderten Familien» immer wieder, daß sie nicht dazu gehören. Daß sie stören und lästig sind. Solche Einstellungen der anderen wie die Empfindungen der Betroffenen fallen nicht vom Himmel.

Betroffen und mitgeprägt von der vorwiegend traurigen Geschichte der Behinderten in unserem Kulturkreis sind wir alle, die «normalen» Familien wie die «behinderten». Nur wenn wir dieses historische Erbe nicht vergessen und verdrängen, kann die feste Mauer der Vorurteile abgebaut werden, kann das gegenseitige Verständnis wachsen.

Wie im antiken Griechenland – der «Wiege des Abendlandes» – die Elite über Behinderungen dachte, sagt uns der Philosoph Platon. In seiner Utopie eines idealen Staates gibt es eine Anweisung, wie sich die Behörden gegenüber neugeborenen Kindern zu verhalten haben: «Die Kinder der Schwächeren oder irgendwie mißgestaltete verbergen sie an einem geheimen und unbekannten Ort, wie es sich gehört.» Der große Aristoteles dachte ähnlich. Der berühmte Gesetzgeber Solon hat im 6. Jahrhundert schwächlichen Neugeborenen das Lebensrecht per Gesetz abgesprochen. Ammen waren verpflichtet, mißgestaltete Säuglinge zu «beseitigen». Im antiken Rom, wo die Aussetzung von Neugeborenen erlaubt war, traf es natürlich nur jene, die nicht gesund waren.

Neben der griechisch-römischen hat vor allem die christliche Tradition das europäische Bewußtsein beeinflußt. Für den Anfang, vor aller Institutionalisierung des Christentums, geben die Evangelien eine eindeutige Botschaft: Der Sohn Gottes sitzt nicht an den Tischen der Mächtigen, sondern solidarisiert sich mit den Benachteiligten, den Armen, den Behinderten. Sie werden durch seine Wunderkraft besonders ausgezeichnet: Lahme gehen, Blinde sehen, Stumme reden wieder. Jesus verspricht denen, die in dieser Welt die Letzten sind, daß sie im Reich Gottes die Ersten sein werden. Ganz hat das Christentum diese Provokation nicht vergessen. Findelhäuser wurden errichtet, in denen während des Mittelalters Kranke und Behinderte, für die keine Familie sorgte, eine Zuflucht fanden. Auf Grund eines religiösen Gelübdes werden seit Jahrhunderten in Geel, im heutigen Belgien, in fast jeder Familie behinderte Menschen aufgenommen, die voll in die Gemeinschaft integriert sind.

Der Glaube, im Jenseits für gute Werke hier auf Erden belohnt zu werden, ist vielen fragwürdig geworden. Doch er war im katholischen Mittelalter tatsächlich der Antrieb für handfeste, praktische Nächstenliebe, die vielen zugute kam, die sonst elendig zugrunde gegangen wären. Geblieben ist eine andere, negative Einstellung gegenüber den Behinderten aus einer fernen Zeit, in der selbst die Frömmigkeit der Gebildeten nicht ohne Magie und Dämonenglaube auskam. Der Teufel war eine Realität, und er verkörperte sich in jenen Menschen, die sichtbar von der Norm abwichen, die fremd und abstoßend waren.

«Wechselbalg» nannte man im Mittelalter ein schwer geistig und körperlich behindertes Kind und war überzeugt, daß es vom Teufel gezeugt oder untergeschoben sei. Martin Luther wurde bei Tisch mehrmals auf einen solchen «Wechselbalg» angesprochen. Er nannte ihn «eine Masse Fleisch ohne Seele» und empfahl, «ihn zu ersticken», weil man dadurch dem Teufel eine Niederlage beibrachte. Noch die Nationalsozialisten haben ihr Programm zur «Vernichtung lebensunwerten Lebens» mit dem Hinweis auf Luther zu rechtfertigen versucht. Der evangelische Pastor Heinrich Matthias Sengelmann, Gründer der Alsterdorfer Anstalten für geistig Behinderte in Hamburg, hat im vorigen Jahrhundert Luther in diesem Punkt ausdrücklich widersprochen und seine Zeitgenossen darauf aufmerksam gemacht, wie fließend die Linie zwischen «normal» und «unnormal» ist: «Wo sollte die Grenze sein und wer sollte sie bestimmen? Wer sollte sagen: Dies Kind muß, jenes darf nicht getötet werden?» An den Teufel glauben viele Christen nicht mehr, aber immer noch stellen sich irrationale Gedanken und abwehrende Gefühle beim Anblick von Behinderten ein. Als habe ein dunkles Schicksal die Eltern strafen wollen; als sei Behinderung selbstverschuldet; als könne in einem gestörten Körper keine Seele wohnen.

Während der Französischen Revolution wurden die Geisteskranken aus ihren menschenunwürdigen Verliesen befreit. Die Aufklärung brachte Pädagogen, Mediziner und auch Geistliche zu der Überzeugung, daß jeder Mensch – auch der «schwachsinnige» und körperlich behinderte – erziehbar ist. Der Schweizer Pädagoge Johann Heinrich Pestalozzi schrieb gegen Ende des 18. Jahrhunderts, daß «auch Kinder von äußerstem Blödsinn, die durch gewohnte Härte dem Tollhaus geopfert werden, durch liebreiche Leitung ... vom Elend eines eingesperrten Lebens errettet und zur Gewinnung ihres Unterhalts und zum Genuß eines freien und ungehemmten Lebens geführt werden können».

Auch die neuen christlichen «Anstalten für Schwachsinnige», die seit der Mitte des 19. Jahrhunderts in zunehmender Zahl gegründet wurden, ließen sich von diesem modernen Geist anstecken. Bethel bei Bielefeld, das 1867 auf Initiative des Pastors Friedrich von Bodelschwingh entstand, soll für viele stehen. Es war und ist ein Ort für die Schwächsten in unserer Gesellschaft. Es waren evangelische und katholische Geistliche und Mitarbeiter in den Anstalten überall im Land, die alles taten, um während der NS-Zeit das verbrecherische «Euthanasie-Programm» zu stoppen und die Heimbewohner vor der Ermordung zu bewahren. Zwischen 1939 und 1945 sind über 100 000 Behinderte – Erwachsene und Kinder – von den Nazis umgebracht worden. Aber die Frage, ob die Kirchen mit den Unmenschen zu sehr paktierten, um ihre Schützlinge zu retten, ist so abwegig nicht. Vieles spricht dafür, daß sie – bei aller Fürsorge – damals von der jahrhundertealten Überzeugung nicht loskamen, daß Behinderung Strafe oder Schuld der Eltern ist, die sie als göttliche Warnung klaglos erdulden mußten.

Die «Freigabe der Vernichtung lebensunwerten Lebens» war keine Erfindung der Nationalsozialisten. Dafür plädierten in der gleichnamigen Schrift 1920 der Jurist Karl Binding und der Psychiater Alfred E. Hoche. Der Fortschrittsglaube des 19. Jahrhunderts, von gewaltigen Erfolgen auf den Gebieten der Technik und Industrialisierung, der Wirtschaft und der Naturwissenschaften genährt, hielt alles für machbar, alle Krankheiten in naher Zukunft für heilbar. Angefeuert von einem primitiven Darwinismus, der die Parole in Umlauf brachte, daß auch im menschlichen Bereich sich am Ende der Stärkste und Beste durchsetzt, wurde alles unter dem Aspekt der Nützlichkeit betrachtet. Auf dem 5. Kongreß für Heilpädagogik 1930 in Köln empfahl der Dekan der Medizinischen Fakultät der Universität Köln seinen Zuhörern, «davon Abstand zu nehmen, hochgradig Schwachsinnige mit unendlicher Mühe zu fördern, mit dem Endergebnis, daß sie vielleicht etwas hinzugelernt haben, aber doch niemals sozial brauchbar werden». Theorien, daß Schwachsinn erblich sei und geradewegs in die Kriminalität führe, wurden auf solchem Nährboden dankbar aufgenommen, zumal sie von anerkannten Medizinern und Juristen verbreitet wurden.

Es verwundert nicht, daß die staatlichen Hilfsschulen – zuerst 1859 in Preußen gegründet – sich nach 1933 nicht mehr als Förderung für den einzelnen verstanden, sondern nur noch «die Gefahr einer kulturellen, wirtschaftlichen und politischen Volksschädigung» abwenden wollten. Die Sonderpädagogik sprach selbst von «völlig Bildungsunfähigen», und der Staat zog 1938 die Konsequenzen. Ein Reichsschulpflichtgesetz trat in Kraft, dessen § 11 bestimmte: «Bildungsunfähige Kinder und Jugendliche sind von der Schulpflicht befreit». Eine schlimme «Schulweisheit», an der unser abendländisches Erbe nicht unschuldig ist: Als ob Bildung nur mit dem Kopf zu tun hat; als ob nicht jedes

Kind Anspruch darauf hat, entsprechend seinen Fähigkeiten in der Schule gefördert zu werden. Der Paragraph 11 wurde nach 1945 in der gesamten Bundesrepublik übernommen. Wer in der Hilfsschule nicht mitkam, wurde vom Schulunterricht «befreit». Die Allgemeinheit hatte ihre Schuldigkeit getan. Der Behinderte wurde in die Familie abgeschoben. Finanzielle Hilfen waren weitgehend unbekannt. Heimplätze gab es kaum. Die Familie mußte für ihren Behinderten dasein. Rund um die Uhr. Lebenslänglich.

Das blieb so bis Ende der 50er Jahre. Wo alle für das Wirtschaftswunder schufteten, dachte keiner an die, die nicht die Ärmel hochkrempeln konnten. Es waren die Eltern der behinderten Kinder, die endlich nicht mehr alles schweigend erdulden wollten. Als erste bundesweite Verbände wurden 1958 die «Lebenshilfe für das geistig behinderte Kind» und 1959 der «Bundesverband für spastisch gelähmte und andere Körperbehinderte» als Selbsthilfegruppen von Eltern gegründet. Langsam wachten die Experten und Politiker auf. In einem «Gutachten der Ständigen Konferenz der Kultusminister der Länder zur Ordnung des Sonderschulwesens» von 1960 steht der Satz: «Diejenigen Kinder, deren Erziehbarkeit und Bildbarkeit so gering sind, daß sie weder in Schulen noch in Heilpädagogischen Kindergärten gefördert werden können, haben auch ein Anrecht darauf, als Menschen beachtet und behandelt zu werden.» Ein bißchen spät wurde den Pädagogen klar, wie kopflastig der europäische Mensch ist und wie er über seinen geistigen Höhenflügen den Körper so weit vergessen und vernachlässigt hat, daß nur der als Mensch galt, der seinen Verstand im Sinne traditioneller Schulbildung weiterentwickelte. Verdrängt und ignoriert wurde, wie sehr Körper und Geist zusammenhängen. Was für eine unendliche Anstrengung es für einen Menschen bedeuten kann, einen gefüllten Löffel geradewegs in den Mund zu führen, wenn die kleinen grauen Zellen aus irgendeinem Grund falsch programmiert sind oder teilweise ausfallen.

Die Gedanken sind frei . . . Ein schöner und wahrer Satz. Nur dürfen wir nicht vergessen, daß Freiheit und Unabhängigkeit für manche Menschen ganz andere, aber nicht weniger wichtige Dimensionen haben. Unabhängigkeit für einen behinderten Menschen kann bedeuten, selber zu essen und nicht gefüttert zu werden; mit dem Blindenstock zu gehen und nicht geführt zu werden; seine Wünsche zu artikulieren oder sichtbar zu machen, um nicht ständig das tun zu müssen, was andere ihm vorschreiben; ohne Gehör und ohne Sprache mit anderen Menschen Kontakt aufzunehmen und Emotionen auszutauschen; zwischen Marmelade und Wurst wählen zu können, statt hilflos essen zu müssen, was man vorgesetzt bekommt.

Wenn Wissen, wenn Bildung frei machen, müssen sie auch diese Dimensionen des Menschen umfassen. Chancengleichheit in der Bildung heißt dann für Behinderte, die Möglichkeit zu haben, sich solche Fähigkeiten aneignen zu können. Etwas zu lernen und immer wieder üben zu können – vielleicht über Monate und Jahre –, das der Nichtbehinderte ohne Anleitung gleichsam im Vorübergehen aufnimmt. Es muß für die Eltern behinderter Kinder bedeuten, für solche Einrichtungen, die ein Grundrecht einlösen, nicht extra zur Kasse gebeten zu werden. Wenn wir alles tun, um die Klügsten zu fördern, mit welchem Recht halten wir uns bei denen zurück, die auf Grund körperlicher oder geistiger Schädigungen ein Höchstmaß an Förderung und Entwicklungshilfe brauchen?

Wir müssen endlich aufhören, das Menschsein auf bestimmte Merkmale und Fähigkeiten einzuengen. Welchen Filter wir auch zugrunde legen, immer wird es Menschen geben, die durch die Maschen fallen und diesen Ansprüchen nicht genügen. Zu Ende gedacht, führt

Spezifizierung dahin, daß alle, die die aufgestellten Kriterien nicht aufweisen, diskriminiert und schließlich «ausgemerzt» werden, weil sie keine «richtigen» Menschen sind.

Für das «Wesen des Menschen» gibt es nur eine Definition: Es ist offen und nicht festgelegt; es kann sich in unzählige Richtungen entwickeln. Der Mensch ist ein Teil der Natur. Und diese Natur ist nicht auf Starrheit und Uniformität, sondern auf Flexibilität und Vielfalt angelegt. Mehrheiten neigen dazu, sich selber als Norm hinzustellen. Das ist legitim, solange alle, die außerhalb dieser Norm leben, in ihrem Anderssein anerkannt und gleichberechtigt sind. Solange sie nicht zu Außenseitern werden und als Sündenböcke zur Zielscheibe der Aggressionen aller «normalen» Zeitgenossen.

Wer anfängt, Grenzen für das Menschsein zu ziehen, und damit andere aussortiert, schafft Menschen erster und zweiter Klasse und begibt sich auf eine abschüssige Bahn. Der Bundesgerichtshof entschied im Juni 1982, daß ein türkisches Kind, das seit einem Autounfall schwer behindert ist, keinen Anspruch auf das übliche Schmerzensgeld habe. Denn bei «einem lediglich als ‹körperliche Hülle› dahinvegetierenden Verletzten» könne das Schmerzensgeld seine Funktion nicht voll erfüllen. Weiter wurde argumentiert, weil dieses Kind nicht mehr «geistig aufnahmefähig» sei, leide es gar nicht unter seinen Behinderungen. Das ist die Sprache des Unmenschen. Wenn ein Mensch als «körperliche Hülle dahinvegetiert», ist die Gedankenassoziation «lebensunwert» nicht mehr fern.

Woher wissen diese deutschen Richter, daß ein behinderter Mensch keine Empfindungen hat, unter seinen Begrenzungen nicht leidet und auf seine Weise nicht Anteil am Leben nimmt? Zählt das Leiden der Eltern nichts, ihre Belastungen und ihre total veränderte Lebenssituation? Ein symbolisches Schmerzensgeld hielt der Bundesgerichtshof für angemessen. Als ob dieses Kind nur noch symbolisch ein Mensch ist.

Man kann es wohl nicht oft genug sagen: Wer schwach und benachteiligt ist, braucht nicht weniger, sondern mehr Hilfe, und das gilt ebenso für alle, die mit diesem Menschen zusammenleben. Oder sind wir wirklich schon hoffnungslos verloren an die Vorstellung, daß ein Mensch nur etwas wert ist, wenn er im ökonomischen Sinn etwas leistet? Wenn er das Bruttosozialprodukt vermehrt? Die katholische Kirche ist zu skandalösen Entscheidungen gekommen, weil sie die kirchliche Eheschließung an den Beweis der «Zeugungsfähigkeit» knüpft und Behinderte davon ausschließt, die sie nicht erfüllen können.

Es war 1970, als zum erstenmal in der Regierungserklärung einer Bundesregierung unter Willy Brandt ein Programm zur Förderung und Eingliederung aller Behinderten vorgelegt und dann auch durchgesetzt wurde. Grundlage dafür ist die Überlegung, daß die Solidarität, die sich auf alle Menschen erstreckt, damit die Lasten für Krankheit und Alter auf alle verteilt werden, auch für die «behinderten Familien» gilt. Wenigstens ihre finanziellen Belastungen sollten von allen mitgetragen werden, und so wurde es im Bundessozialhilfegesetz festgeschrieben. Es ist kaum vorzustellen, was das für Eltern behinderter Kinder bedeutete.

Seit einigen Jahren wird heftig diskutiert, ob gut gemeinte Sondereinrichtungen für Behinderte nicht in Wahrheit den lebenslangen Ausschluß vom «normalen» Leben fördern. Ob nicht eine weitgehende Integration in alle Einrichtungen der Nichtbehinderten das Ziel sein muß. Vieles spricht dafür. Vor zehn, zwanzig Jahren allerdings, als Zentren zur Früherkennung und Frühförderung, als Sonderkindergärten und -schulen und der Fahrdienst für Behinderte eingerichtet wurden, hatten Eltern durch das Engagement für solche Sondereinrichtungen erstmals das Gefühl, nicht mehr ganz allein mit ihren Problemen fertig werden zu müssen. Eltern erhielten Pflegegeld, solange das Kind in der Familie lebte, und sie mußten nicht mehr für ihr behindertes Kind aufkommen, wenn es als Erwachsener in einem Heim oder einer Wohngemeinschaft lebte. Eltern konnten das Wagnis eingehen, ihre behinderten Kinder «loszulassen», ihnen Unabhängigkeit und ein eigenes Leben zuzugestehen. Sie mußten nicht mehr jeden Pfennig in die Sonderausgaben für das behinderte Kind stecken und durften für sich selber wieder Zukunftspläne machen.

Das alles ist seit dem Ende des Wirtschaftswachstums wieder in Frage gestellt: Die Regierenden in Bund und Ländern haben Sparhaushalte vorlegt. Doch gespart werden soll vor allem bei denen, die keine Lobby haben. Politiker appellieren an dumpfe Instinkte, wenn sie verkünden, die «Privilegien» für Behinderte müßten abgebaut werden. Natürlich gibt es immer Zeitgenossen, die sich Vergünstigungen erschleichen, die ihnen nicht zustehen. Aber sie sind überall zu finden, ob behindert oder nicht. Denken wir einen Augenblick darüber nach, was es für «behinderte Familien» bedeutet, wenn ihnen unter diesem Vorwand wesentliche Hilfen wieder gestrichen werden. Pflegegelder werden gekürzt, und Eltern haben Schwierigkeiten, für ihr schwer behindertes Kind, das in einem Heim leben soll, einen Kostenträger zu finden. Noch mehr finanzielle Hindernisse werden für erwachsene Behinderte aufgebaut, die im Heim leben sollen.

Welche Familie aber sorgt lebenslänglich für ihre nichtbehinderten Kinder? In einer Begründung seiner Sparmaßnahmen hatte der Gesetzgeber angeführt: «Sonst würde es den Eltern zu leicht gemacht, ihr Kind abzuschieben.» Da kommen Eltern behinderter Kinder zu Recht Tränen der Wut über soviel Ignoranz und Unterstellung.

Der «Bundesverband für spastisch Gelähmte» ist politisch neutral und sein Geschäftsführer sicherlich kein

Radikaler. Doch er hat Ende 1983 «kritisch, enttäuscht und verbittert» Rückschau gehalten. Für ihn standen die «sozial- und behinderten-politischen Entscheidungen dieses Jahres eindeutig im Zeichen einer rigorosen und blindwütigen Politik des Sparens um jeden Preis». Die Hilfen zur Eingliederung der Behinderten haben die Krise der Staatsfinanzen nicht ausgelöst. Wer hier spart, wird deshalb den Staatshaushalt gewiß nicht sanieren.

Mindestens ebenso verheerend sind die psychologischen Wirkungen dieser Sparmaßnahmen und die sie begleitenden Diskussionen. Es ist viel Vertrauen zerstört worden. «Behinderte Familien» müssen das Gefühl bekommen, daß auf die Solidarität der Stärkeren mit den Schwächeren kein Verlaß ist. Daß sie nur als Almosen gewährt wird, solange die Wirtschaft floriert. Kommen ein wenig härtere Zeiten, ist es aus damit. Dann sind die «behinderten Familien» wieder alleingelassen und werden von ihren Nachbarn schief angesehen. Als hätten sie sich ein behindertes Kind angeschafft, um auf der Bahn umsonst fahren zu können oder weniger Steuern zahlen zu müssen.

Solidarität, die nichts kostet und nur für die Schönwetterperiode gilt, ist keine. Es geht darum, Benachteiligungen auszugleichen und ungleich verteilte Lasten mitzutragen. Wer finanzielle Sorgen hat, verbraucht Energien, die für das Leben mit dem behinderten Kind fehlen. Es bleibt den Betroffenen noch genug, mit dem sie selber fertig werden müssen und wollen. Auch dafür möchte dieses Buch um Verständnis werben: Daß große Worte von Humanität und Solidarität in den Ohren der Eltern behinderter Kinder wie Hohn klingen, wenn sie schon nach zwanzig Jahren auf die Zusagen der anderen nicht mehr bauen können. Wenn die Zukunft für sie und ihre Kinder wieder voller Unsicherheit ist. Sie haben Anspruch auf unsere Solidarität, und zwar nicht erst, wenn sie ein Sozialfall geworden sind. Denn so steht es im Artikel 1, Absatz 1 des Grundgesetzes der Bundesrepublik Deutschland: «Die Würde des Menschen ist unantastbar. Sie zu achten und zu schützen ist Verpflichtung aller staatlichen Gewalt.»

Es ist noch nicht lange her, daß die Eltern behinderter Kinder und die Behinderten sich an die Öffentlichkeit wagen. Doch sie haben einiges in Bewegung gebracht. So verzweifelt langsam die Integration Behinderter vorangeht, soviele Rückschläge es gibt, wir dürfen nicht vergessen, wie tief die Vorurteile von Jahrhunderten verwurzelt sind. Gemessen daran ist ein Anfang zum Besseren gemacht worden. Da sind die vielen jungen Männer, die als Zivildienstleistende sich Erfahrungen aussetzen, um die viele Ältere einen großen Bogen machen.

Da sind Eltern, die nicht mehr bereit sind, die Behinderung ihres Kindes als Schicksal hinzunehmen und vor Gericht gehen, auch wenn solche Musterprozesse durch viele Instanzen ungeheure Kraft kosten.

Da sind Richter, die zugunsten dieser Eltern entschieden haben und nicht mehr bereit sind, ärztlichen Pfusch zu entschuldigen. Auch wenn längst nicht allen Eltern Gerechtigkeit widerfährt.

In den Kirchen gibt es Stimmen, die menschliches Leid nicht mehr interpretieren, als sei es von Gott zur Strafe oder zur Prüfung verhängt. Leid gehört zum menschlichen Leben. Das ist eine Grunderfahrung. Wer sie leugnet, verfällt der Illusion, es könnte eines Tages aus der Welt geschafft werden. Im Rausch der Reformbegeisterung entstand in den siebziger Jahren bei wohlmeinenden Experten der Glaube, daß alle Behinderung letztlich wegtherapierbar sei und alle psychisch Kranken mit Geduld in unsere Gesellschaft eingegliedert werden könnten. Eine verständliche Hoffnung, denn wer will sie nicht, eine Welt ohne Tränen. Dieser grenzenlose Optimismus hat sich als ebenso unhaltbar erwiesen wie der Glaube an den unbegrenzten Fortschritt. Nicht alles ist machbar. Nicht alles ist heilbar.

Es gibt keine Antwort auf die Frage, warum Kinder leiden müssen, und es ist gut, empört zu sein und sich nicht abzufinden mit der Ungerechtigkeit. So wie Hiob in der Bibel sich gegen Gott auflehnt, der ihm ein Unheil nach dem anderen schickt. Es ist ein entscheidender Schritt heraus aus der Verzweiflung in ein neues Leben, wenn Eltern behinderter Kinder ihre Trauer und Verzweiflung nicht hinunterschlucken, sondern herausschreien wie Hiob: «Ich will reden in der Angst meines Herzens und will klagen in der Betrübnis meiner Seele . . . Ich bin unschuldig! Ich möchte nicht mehr leben; ich verachte mein Leben. Es ist gleich, darum sage ich: Gott bringt den Frommen um wie den Gottlosen.»

Wenn Eltern behinderter Kinder eines Tages sagen können: «Wir haben es irgendwie geschafft», leben sie trotzdem in zwei Welten. Wie alle anderen stehen sie unter Leistungsdruck, müssen funktionieren und mithalten können. Zu Hause in der Familie gelten andere Maßstäbe und andere Lebensziele, die die Werte und Anstrengungen der Außenwelt fragwürdig erscheinen lassen. Was die einen erträumen, erzwingt bei anderen die Realität: Eltern mit einem behinderten Kind lernen, «alternativ» zu leben. Es ist eine harte Schule, und sie lernen nie aus. Die traditionellen und die modernen Elternrollen taugen da nichts mehr. Die meisten Lebenserfahrungen, die Eltern an ihr Kind weitergeben möchten, sind hier nicht mehr viel wert. Eltern und Kinder müssen sich gemeinsam auf einen langen, mühsamen und unbekannten Weg machen. Wer sich darauf einläßt, mitzugehen, wird vieles entdecken und erfahren, das für ihn selbst wichtig ist und für ein alternatives Leben, in dem die Beziehungen der Menschen zueinander – ob behindert oder nicht – auf eine andere Grundlage gestellt werden. Die Utopie einer Welt, die wir nicht aufgeben dürfen: Wo jeder Schwächen zeigen kann und so angenommen wird, ohne herablassende Stärke oder brutale Gleichgültigkeit zu provozieren.

Dieses Buch ist allen Eltern gewidmet, die zu Gesprächen mit mir bereit waren. Niemand, den ich gefragt habe, hat abgelehnt. Alle haben offen, selbstkritisch und auch mit Humor über sich und ihre Kinder gesprochen. Alle haben mir Mut gemacht, anderen von ihrem veränderten Leben zu erzählen. Sie wollen kein falsches Mitleid. Sie haben wieder Freude am Leben. Aber sie verschweigen nicht, daß sie mit der Behinderung ihres Kindes wohl nie ganz fertig werden. Sie erzählen in diesem Buch von den neuen positiven Erfahrungen, die sie jedoch sofort hergeben würden, wenn dadurch die Behinderung verschwinden würde. Sie geben zu, wie schwer es ihnen fällt, sich helfen zu lassen und wie wenig sie anderen zutrauen, mit ihrem Kind zurechtzukommen.

Ich habe beim Lesen der Gesprächsprotokolle, beim Schreiben dieses Buches nicht vergessen, wieviel Verzweiflung, wie viele Tränen, wieviel nächtelanges Grübeln die ersten Jahre mit einem behinderten Kind für die Eltern bedeuten. Es ist schwer genug, historischen Persönlichkeiten und weniger bekannten Menschen, die längst zu Staub zerfallen sind, in einem Buch Gerechtigkeit widerfahren zu lassen. Wieviel mehr Lebenden, die in solchen extremen Situationen stehen. Aber es ist auch eine Herausforderung, einmal nicht in die Bibliotheken zu gehen, sondern zu Menschen und aus ihren Erfahrungen ein Buch zu machen. Es kommen vor allem die Eltern zu Wort, die anderen sagen wollen, wie sie ein neues Leben gelernt haben. Darüber jedoch werden diejenigen nicht vergessen, die das Leid sprachlos gemacht hat, deren Leben durch die Behinderung und eine gleichgültig-feindliche Umwelt zerstört wurde. Ohne Anna und ohne ihre Eltern aber wäre dies trotz aller Gespräche ein anderes Buch geworden – mit mehr Theorie und weniger Herz.

Die Ärzte: Da wird nicht viel draus

Die Ärzte sind ein Kapitel für sich. Sie sind unmenschlich und lassen nichts an sich rankommen. Ein bitteres, ein vernichtendes Urteil, das geprägt ist von der Enttäuschung der Eltern über die Menschen, von denen sie in den Stunden größter Hilflosigkeit Hilfe und Verständnis erwarteten. Jahre brauchen die Betroffenen, um von dieser Erwartung Abschied zu nehmen: daß die Experten einen Halt bieten, wo alles zusammengebrochen ist. Daß sie in der Asche der Verzweiflung ein noch so kleines Fünkchen Hoffnung entfachen können. Daß sie konkrete Aussagen machen und entschlossen sind, ihr ganzes Können für das beschädigte Leben einzusetzen.

Statt dessen haben die meisten Eltern an dieser Lebenswende, wo sie in einen Abgrund sehen, mit den Frauen und Männern im weißen Kittel ein Urerlebnis, das ihre schlimmsten Ängste, alle ihre Vorurteile über Behinderung, ihre stumme Panik bestätigt und verstärkt: Sie sind ein hoffnungsloser Fall, mit einem Brandmal gezeichnet, das sie für immer ausschließt von der Welt der Normalen, der Gesunden, der Fröhlichen. Sie sind ganz allein. Behinderung, so heißt die verschlüsselte Botschaft, die die Eltern aus dem Verhalten der Ärzte herauslesen müssen, ist schrecklich, ist untragbar, ist eine Katastrophe.

Es sind die selteneren Fälle, bei denen gleich nach der Geburt oder in den darauffolgenden Wochen eine Behinderung in ihrer Endgültigkeit, mit ihrem Anderssein eindeutig sichtbar wird. Auch nach Unfällen und bei Erkrankungen sind Wochen und Monate des Wartens und der quälenden Ungewißheit für die Eltern nichts Besonderes. Doch selbst der Schock in der Stunde der Geburt, der plötzliche Umschlag von freudiger Erwartung in die Katastrophe bringt nur wenige Mediziner dazu, ihre eigenen Gefühle zu zeigen und – unabhängig von aller fachlichen Beratung – mit den Eltern zu fühlen. Für sie scheint es gefährlich oft nur die Alternative gesund oder tot zu geben. Als die Mutter eines Down-Kindes (Mongolismus heißt der andere, aber abwertende Begriff für diese Behinderung) nach der Geburt die Klinik verließ, sagte ihr der Arzt zum Abschied: «Stellen Sie es oft raus. Diese Kinder sterben leicht an Lungenentzündung.» Eine andere Mutter, ihr Down-Kind war gerade sieben Wochen alt, hörte von ihrem Arzt: «Sie wissen ja, da wird nicht viel draus. Irgendwann ist eben Ende.» Das war sicher so gut gemeint wie der Rat in einem Krankenhaus an die Eltern eines Kindes, das mit schweren Behinderungen geboren worden war: «Kommen Sie lieber nicht mehr, um Ihr Kind zu sehen. Es ist besser, wenn Sie Abstand halten und keine Beziehung zu ihm entsteht. Der Junge stirbt sowieso.»

Der Junge starb nicht. Aber die Eltern wagten keine Widerrede gegenüber den Autoritäten, obwohl es ihr Kind war, das um sein Leben kämpfte. Die Eltern blieben zu Hause. Nicht nur voller Verzweiflung, sondern geplagt von Schuldgefühlen, ihr Kind im Stich gelassen zu haben. Wer sonst als die Eltern – mit medizinischem Rat versorgt – kann denn in dieser Situation entscheiden, was gut oder schlecht für sie selber ist? Und für das Kind? Muß nicht auch in dieser Krisensituation die letzte Verantwortung bei den Eltern liegen?

Es sind nicht nur die Schüchternen, die stumm werden vor den Experten. Nicht nur für den unmittelbaren Schock, noch für Jahre danach gilt, was eine ansonsten selbstbewußte Mutter, die in ihrem Beruf ständig mit anderen Menschen zu tun hat, über sich sagt: *Im Umgang mit Ärzten verleugne ich total meine Persönlichkeit. Ich werde unsicher und hilflos. Ich wage keine Fragen zu stellen. Ich fühle mich schuldig, weil ich ein behindertes Kind habe.*

In vielen Fällen scheint es trotz aller Dramatik am Anfang gut zu gehen. Ob Komplikationen bei der Geburt, ob Aufenthalt im Brutkasten und künstliche Beatmung, ob Blaulicht-Fahrt zum nächsten Kinderzentrum – die glücklichen Eltern werden nach einigen Wochen mit einem gesunden Kind entlassen. Doppelt froh, daß alle Gefährdungen überstanden sind. Warum sollen sie dem Urteil der Experten nicht trauen? Warum sollen sie von sich aus ihre Freude und ihre schönsten Erwartungen in Zweifel ziehen?

Aber zu Hause läuft es dann nicht so, wie die Ärzte vorausgesagt und wie es die vielen Ratgeber mit den anrührenden Mutter-Kind-Idyllen schildern. Wie man selber sich das Leben als Eltern vorgestellt hat: mit viel Schmusen und Zärtlichkeit, mit einem zufriedenen Kind, das einen aus großen Augen anblickt.

Nein, das Kind, das man hat, schreit Tag und Nacht. Es läßt sich nicht beruhigen, wenn man es auf den Arm nimmt, im Gegenteil. Es verkrampft sich, biegt den Kopf nach hinten, will absolut keine menschliche Nähe. Es blickt die Eltern nicht an, so viele Tricks sie auch versuchen. Es trinkt nicht oder spuckt gleich alles wieder aus. Die Eltern sind erst verstört, dann in panischer Angst. Zurück ins Krankenhaus mit diesem kleinen, hilflosen Bündel Mensch, mit dem man nicht fertig wird. Und zum erstenmal schleicht sich die Frage ein, die bald zum ständigen Begleiter wird: Was machen wir falsch? Sind wir schuld, daß unser Kind so reagiert und nicht «normal» ist?

Im Krankenhaus bringt die Technik trügerische Beruhigung, auch wenn Schläuche und Sonden etwas Bedrohliches ausstrahlen. Doch der Arzt sagt: «Das wird schon wieder.» Die Mutter darf ihr Kind wieder auf den

Arm nehmen. Als es plötzlich in Zuckungen verfällt, sagt die Schwester: «Nur ein Schluckauf.» Zu Hause kommen die Zuckungen wieder. «Blähungen», sagt diesmal der Hausarzt. Später wird die Mutter erfahren, daß es lebensgefährliche Krämpfe waren. Manchmal geht es über ein Jahr lang so: Immer neue Erklärungen für die besorgten Fragen der Eltern, die keiner ernst nimmt. Mit vorwurfsvollem Unterton sagt der Arzt: «Haben Sie doch Geduld. Es ist ein Spätentwickler. Ihr wollt auch alle Wunschkinder . . .» Oder er gibt sich ganz gelassen: «Die Kinder müssen beturnt werden, sie sind ein bißchen verspannt. Die kriegen wir hin.» Oder er läßt sich verleugnen und den Eltern durch die Schwester ausrichten: Es bestehe kein Grund, mit ihnen zu reden. Er streitet in Gegenwart der Eltern mit einem Kollegen: «Das ist kein Krampfkind. Die Untersuchung ist unnötig.» Die Eltern werden barsch befragt, warum sie diesen Termin mit dem Kollegen ausgemacht haben. Ganz schnell machen sie ihn wieder rückgängig.

Wieder zu Hause mit ihrem Kind, trinkt oder ißt es vielleicht, weil die Eltern auf ungewöhnliche Tricks verfallen. Doch es wehrt sich immer noch gegen alle Zärtlichkeit. Es blickt die Eltern nicht an. Es greift nach keinem Gegenstand. Es aalt sich nicht in der Babywanne, sondern schreit, wenn es mit Wasser in Berührung kommt. Es ist ständig unruhig, nie entspannt oder aber verdächtig ruhig, apathisch. Irgendwann kommt allen Müttern, trotz der beschwichtigenden Worte der Experten, ein Verdacht, der nicht mehr zum Schweigen gebracht werden kann: Mit meinem Kind stimmt etwas nicht. Sie werden mißtrauisch. Sie möchten den beruhigenden Worten glauben, spüren aber immer mehr, daß es Ausflüchte sind, Ausweichmanöver, hinter denen sich eine andere Wahrheit verbirgt.

Es gibt Ärzte, die sich nicht hinter der Autoritätsfassade ihres Berufes verschanzen; die zeigen, daß sie sich anrühren lassen vom Leid der Eltern und des Kindes. Es sind kleine Gesten, durch die die Eltern den Arzt als jemanden erleben, der sich menschlich verhält: Wenn er ein Baby auf den Arm nimmt und es streichelt. Wenn er ermunternd lächelt oder in traurigen Augenblicken auf saloppe Sprüche verzichtet. Wenn er sich vor der Wahrheit nicht drückt und zugleich andeutet, daß es eine Chance gibt, aus der Verzweiflung wieder herauszukommen: «Sie werden an Ihrem Kind auch viel Freude haben.»

Doch das sind Ausnahmen. Die Mehrheit der Eltern hat den Augenblick der Wahrheit, der ihr Leben endgültig veränderte, so in Erinnerung: *Es war brutal. Wie mit dem Holzhammer.* Es gibt Ärzte, die es nicht schaffen, ihren Patienten die Wahrheit zu sagen und Schwestern oder Kollegen vorschicken: *Nach langem Drängen hatte ich endlich bei meinem Arzt einen Termin bekommen. Als ich vor seinem Schreibtisch saß, hörte ich, wie er im Nebenzimmer einer Kollegin sagte, sie solle jetzt zu mir gehen. Sie hat mir die Wahrheit dann so brutal mitgeteilt, daß ich gerade noch bis zu meinem Zimmer kam und dort zusammengebrochen bin.* Nach der Eröffnung, daß ihr Kind behindert sei, folgt oft sogleich der Rat: «Am besten geben Sie es ins Heim.»

Erst im nachhinein spüren die Eltern, welche Folter die Ungewißheit über Wochen und Monate bedeutete: *Die Wahrheit ist brutal, aber sie ist auch erleichternd. Beim Arzt war ich noch ganz ruhig. Aber dann konnte ich kaum mit dem Wagen nach Hause fahren. Dort konnte ich mich nicht mehr beherrschen und habe ungeheuer geheult. Es war fürchterlich. Trotzdem hätte ich es lieber ein halbes Jahr früher erfahren.*

Nicht selten sind es die Mütter, die diesen bitteren Augenblick der Wahrheit alleine aushalten müssen. Und obwohl es um ihr Kind geht, machen sie die Erfahrung, nicht ernst genommen zu werden: *Ich hatte keine Ahnung, was auf mich zukommt. Man sprach nie von einem Pflegefall. Ich war sehr vernünftig, habe nie geweint und dem Arzt sehr eindringlich gesagt, er solle mir sagen, was los ist. Ich müßte meine Lebensplanung darauf einrichten. Es kamen nur Ausflüchte. Er wisse es nicht. Das ging ein halbes Jahr so. Dann ging mein Mann mit in die Sprechstunde und sagte: «Ich will wissen, was los ist.» Der Arzt daraufhin: «Soll ich Ihre Frau rausschicken?» Mein Mann: «Nein, wir haben keine Geheimnisse voreinander.» Da sagte der Arzt: «Also, wenn Sie mich so persönlich fragen – Ihr Kind wird nicht einmal die Sonderschule besuchen . . .» Ein halbes Jahr bin ich als Mutter belogen worden. In diesem Augenblick ist alles in mir zusammengebrochen. Seitdem glaube ich den Ärzten nichts mehr.*

Gerade weil Eltern am Anfang dem Wort der Experten vertrauen, sind sie doppelt enttäuscht. Sie erfahren, daß auf die ärztliche Prognose kein Verlaß ist, und erleben ihr Gegenüber als einen Funktionsträger ohne Menschlichkeit. Weder gibt er seine ursprünglich falsche Einschätzung zu, noch zeigt er seine eigene Betroffenheit. Und da er sich der eigenen Unsicherheit nicht stellt, ist es nur logisch, den Eltern eine schnelle Lösung anzubieten, um die Katastrophe zu verdrängen: das Heim.

Wer es nicht selbst erlebt hat, kann es kaum glauben. Dieselben Kinder, die über Monate als «Spätentwickler» galten, die «mit ein bißchen Turnen» schon wieder ganz gesund werden sollten, bekommen nun das Etikett «hoffnungslos» angeheftet. Die Eltern erfahren, daß ihr Kind nie stehen und laufen lernt, daß es nicht greifen und nicht sprechen wird. Es ist schwer behindert – und hat deshalb in den Augen der Ärzte keine Chance auf Entwicklung, keine Zukunft. Doch solche Diagnosen am Anfang zu stellen ist mehr als waghalsig.

Die Reaktionen der Ärzte fallen in zwei Extreme auseinander, die beide den gleichen Ursprung haben. Da sind einmal die ganz diffusen Auskünfte, mit denen die Eltern nichts anfangen können, und da ist der Rückzug auf medizinische Begriffe, unter denen der Laie sich alles oder nichts vorstellen kann. Solche verschleiernden und deshalb besonders beunruhigenden Aussagen lassen die Eltern völlig hilflos zurück: *Ich wurde ins Zimmer gerufen und es hieß: «Bekanntgabe der Diagnose». Der Arzt sagte: «Ihr Sohn hat einen Gehirnschaden.» Als ich ihn fragte, was das für die Zukunft bedeutet, sagte er mir: «Ob er mal ein Einstein wird oder ein Depp, das kann ich Ihnen heute nicht sagen. Das wird sich zeigen.» Ich bin dann durch den Ort geirrt und habe nur noch geheult.* Der Arzt sagte dies einer Mutter, von der er wußte, daß sie ganz alleine stand. Ihr vierjähriger Sohn ist ein vergnügtes Kind, aber er kann bis heute nicht laufen, nicht sprechen und nur mit Anstrengung weiche Nahrung aufnehmen. Manchmal kam der Mutter die Idee, ihren Sohn zu nehmen und ihn diesem Arzt einfach auf den Schreibtisch zu legen.

Wenn die Eltern von solcher Unsicherheit verschont bleiben, müssen sie mit einer Aufklärung rechnen, die ihnen jede Hoffnung raubt und sich nicht scheut, Katastrophenbilder an die Wand zu malen, für die es keine begründeten Erkenntnisse gibt. Eltern werden damit geschockt, daß ihr Kind ein Zwitter sei. Eine Woche später heißt es, man habe sich leider geirrt. Andere Eltern erfahren, ihr Sohn würde höchstens zwei Jahre alt. Heute ist er zehn, geht trotz seiner schweren Behinderung auf eine allgemeine Schule. Oder: *Uns sagten die Ärzte: ein absoluter Pflegefall. Heute kann unsere Tochter sogar laufen.*

Wer meint, daß solche unverhofften Entwicklungen besser sind als falsche Erwartungen, verkennt, wie tief die Verzweiflung der Eltern ist, die erfahren, daß ihr Kind eine oder mehrere Behinderungen hat. Ihr Lebensmut ist in dieser Situation unter Null gesunken. Gleichzeitig haben sie noch gar nicht begriffen, was das für ihr Leben wirklich bedeutet. Sie fühlen nur: Es ist das Ende von allem, was vorher war. *Mein Mann und ich waren noch längst nicht bereit, die Behinderung zu akzeptieren. Da haben die Ärzte und Psychologen sie in den schwärzesten Farben gemalt. Wir waren am Boden zerstört und sahen gar keinen Sinn darin, irgend etwas mit unserm Kind zu machen. Warum soll ich denn den ganzen Tag mit ihm turnen, wenn ich doch nichts erwarten kann?*

Illusionen wollte diese Mutter nicht zu hören bekommen. Aber sie hat mehr Kenntnis von den seelischen Bedürfnissen, von dem Lernprozeß, den Eltern durchlaufen müssen, und vom langsamen Abschiednehmen als die Experten, denen sie ausgeliefert war: *Ich brauche Hoffnung. Die Ärzte müßten mir ein bißchen Mut machen und mir ein Ziel setzen.*

Ein Psychologe klärte die Mutter später auf, daß dies seine Methode sei: Erst alles in schwarzen Farben malen, damit die Eltern sich nur ja keine falschen Hoffnungen machen. Vielleicht steht es so im Lehrbuch. Aber für Eltern behinderter Kinder kann das nicht die Alternative sein. Und welcher Mensch kann ohne jede Hoffnung weiterleben? Es sind die gleichen Psychologen, die dem schwer behinderten Jungen dieser Mutter jede weitere Entwicklungsfähigkeit absprachen, weil dieser die für einen Test aufgebauten Spiele erst einmal vom Tisch wischte. Eine zweite Chance bekam er nicht.

Das Verhalten der Experten gegenüber Eltern behinderter Kinder ist im Kern dasselbe wie die Hilflosigkeit dieser Helfer in anderen Krisensituationen, zum Beispiel, wenn sie einem Patienten die Wahrheit über eine tödliche Krankheit sagen müssen. Ob sie dem Problem ausweichen, sich mit kühler Distanz auf ihr medizinisches Vokabular zurückziehen oder in brutaler Kürze einem Neugeborenen jede Entwicklungsmöglichkeit absprechen: Immer steht ein Verständnis des Arztberufs dahinter, das total auf Gesundheit fixiert ist und im Arzt den Medizin-Ingenieur sieht, der jede Panne im menschlichen Körper reparieren kann. Wer so denkt, in dessen Vorstellungen haben unabänderliche Behinderungen und auch der Tod keinen Platz. Sie bedeuten Niederlagen und müssen deshalb verdrängt werden. Seriöse Untersuchungen haben festgestellt, daß der Arztberuf besonders anziehend auf Menschen wirkt, die neurotische Angst vor Tod und Krankheit haben. Nicht ohne Grund flüchten sich Mediziner oft in den Witz und in ironisch-flapsige Bemerkungen, um sich mit schrecklichen, angstbesetzten Realitäten nicht auseinandersetzen zu müssen.

Hinzu kommt, daß mancher Arzt sich von der Verzweiflung der Eltern deshalb mit aller Macht abwendet, weil er sie selbst verschuldet hat. Heute wissen wir, daß ein Großteil der Behinderungen nicht Schicksal ist, sondern die Folge ärztlicher Fehlgriffe. Vor allem Sauerstoffmangel während der Geburt kann zu irreparablen körperlichen und geistigen Behinderungen führen. Die Geburtsmedizin in einem der reichsten Länder der Erde ist nicht optimal. Davon wird zu reden sein, wenn Eltern erzählen, wie sie ihren Prozeß gegen den Arzt durchgestanden haben, der für die Behinderung ihres Kindes verantwortlich ist.

Wenn Eltern erfahren, daß ihr Kind nie so sein wird, wie sie es erhofft haben, daß es unter seinen Behinderungen leidet und geistig niemals erwachsen wird, geht es nicht um Verständnis für die Psyche der Experten. Wer in diesem Augenblick Witze macht – «Depp oder Einstein» – kann nicht auf Verständnis rechnen. Die Ärzte sind es, von denen Einfühlungsvermögen verlangt wird. Es sind die Eltern, die Hilfe brauchen und Anspruch darauf haben – und schmählich im Stich gelassen werden.

Mehr noch: Die Katastrophe «Behinderung» wird durch die Reaktion der Mediziner eine doppelte Katastrophe. Das Gespräch zwischen Arzt und Eltern bedeutet eine verheerende Weichenstellung für die Zukunft der Familie mit einem behinderten Kind. Hier geschieht der erste, entscheidende Schritt in die Isolation. Einige Eltern reagieren auf den Ratschlag «ins Heim» mit Trotz: *Ich sagte mir: Jetzt erst recht nicht.*

Die meisten jedoch stößt dieses Gespräch tief hinein in die Verzweiflung. Es signalisiert ihnen – ohne daß sie darüber nachdenken –, wie sehr ihr Kind sie zum gesellschaftlichen Außenseiter macht. Sie spüren, wie tabuisiert dieses Thema ist und daß ihr Gegenüber im weißen Kittel dieses unangenehme Gespräch möglichst schnell beenden möchte: *Wir sind lästig. Das ist nun einmal so mit diesen Kindern. Wir Eltern sollen uns damit abfinden.* Sie verlassen die Klinik oder die Praxis mit der Grunderfahrung: Es gibt keine Hilfe und kein Verständnis. Die Situation ist ausweglos.

Vielleicht würde es bei den Eltern im Rückblick Verständnis für die Ärzte geben, wenn diese nur einmal menschlich mit ihnen und ihrem Kind umgegangen wären. Wenn sie – bei aller Distanz – konkrete Hilfen angeboten hätten. Oder wenn sie zu erkennen gegeben hätten, daß auch sie nicht wissen, wie es weitergeht und daß auch sie mit Apparaten und technischen Raffinessen die Behinderung nicht beseitigen können. Ein Vater erinnert sich: *Ich hatte schon eine Wut im Bauch, wenn ich mit denen nur zusammen war. Jedesmal, wenn wir mit unserem Kind kamen, wurde die Spreizung der Beine nachgemessen. Dann hieß es: Auf Wiedersehen. Kein Wort, was wir tun sollten und wie es um unseren Sohn stand.* Was so wütend macht, ist die Arroganz der Experten, die mit pseudo-wissenschaftlicher Attitüde die eigene, uneingestandene Hilflosigkeit verdeckt. Nur sind die Eltern in dieser Situation nicht in der Lage, das zu durchschauen und aufzudecken. Und wie viele Menschen haben überhaupt den Mut, Autoritäten in Frage zu stellen?

Das negative Bild, das sich hier aus dem Verhalten der Ärzte gegenüber den Eltern behinderter Kinder ergibt, soll keinen Berufsstand pauschal in Mißkredit bringen. Es ist nicht am Schreibtisch entworfen, sondern beruht auf sehr eindeutigen Aussagen der Betroffenen. Geburtshelfer sind offensichtlich nicht darauf vorbereitet, Kindern auf die Welt zu helfen, die den allgemeinen Vorstellungen von Gesundheit und geistiger Tüchtigkeit nicht entsprechen. Sie haben es nicht gelernt, sich auf die Verzweiflung der Eltern einzulassen und Chancen für ein verändertes, aber positives Leben mit dem behinderten Kind aufzuzeigen. Vielleicht ist vielen gar nicht klar, welche Verantwortung sie haben und wie sehr sie das Leben einer behinderten Familie mit wenigen Worten beeinflussen – zum Guten oder zum Schlechten. Wobei nicht verschwiegen werden soll, daß die Ärzte – als die allerersten Überbringer einer schrecklichen Botschaft – eine unendlich schwere Aufgabe haben.

Die ersten schlechten Erfahrungen, die Eltern wegen ihres behinderten Kindes mit Ärzten machen, werden in den folgenden Jahren nicht abgebaut, sondern eher verstärkt. Wenn es später darum geht, ob organische Erkrankungen durch Operationen beseitigt werden sollen, hören die Eltern: «Ob wir das Kind operieren, kann ich nicht sagen. Wir müssen erst mal abwarten, wie es sich entwickelt.» Oder: «Weitere Operationen sind unnötig, es ist doch so debil.» Oder: «Mal sehen, ob es sich lohnt.»

Eltern müssen erfahren, daß weder Ärzte noch Schwestern sich darum kümmern, wie schwierig es ist, mit einem behinderten Kind lange Wartezeiten vor Untersuchungen zu überbrücken: *Um neun Uhr war ich zur Blutentnahme bestellt. Bis zwei Uhr mußte ich warten. Ich war völlig fertig und habe hinterher geheult wie ein Schloßhund.* Da ist die Ärztin, die unbeirrt fortfährt, ein Kind mit schnalzenden Lauten abzulenken, obwohl ihr gesagt wurde, daß es gehörlos ist. Untersuchungen werden gemacht, ohne den Eltern zu sagen, wie gefährlich sie sind. Bei Kindern, die mehrfach behindert sind, nehmen Experten eine Behinderung unter die Lupe, ohne auf das ganze Kind einzugehen. Behandlungsmethoden werden vorgeschlagen, die wegen der mehrfachen Behinderung entweder illusorisch oder sogar schädlich sind. Amtsärzte verfassen Gutachten, ohne das behinderte Kind auch nur gesehen zu haben.

Für alle Punkte gilt: Es gibt auch andere, verständnisvolle Ärzte, wenn es um die Behandlung von behinderten Kindern und Jugendlichen geht, und die Zahl dieser Ärzte steigt. Aber noch herrschen jene anderen Kollegen vor, bei denen sich die Eltern hilflos und ausgeliefert fühlen.

Es steigt jedoch auch die Zahl der Eltern, die sich nicht mehr alles gefallen lassen. Die Mutter, der der Arzt den Rat gab, ihr neugeborenes Down-Kind auf den kalten Balkon zu stellen, um es auf diese Weise bald loszuwerden, meint heute: *Damals blieb ich stumm. Heute würde ich diesem Arzt ins Gesicht springen.* Eine Großmutter, die ihr Enkelkind zum Orthopäden bringt und von ihm hört, dieses Kind habe doch nichts vom Leben, sagt dem Arzt ins Gesicht: *Was haben Sie denn vom Leben? Sie arbeiten von morgens bis abends und fallen dann müde ins Bett. Meine Enkeltochter wird von uns liebevoll betreut. Sie kann sich uns verständlich machen. Sie sieht gerne fern. Sie freut sich, wenn wir feiern. Sie hat sehr wohl etwas vom Leben.* Eltern eines behinderten Kindes, die sich nicht mehr verstecken und nicht mehr schuldig fühlen, sind unbequeme Zeitgenossen.

Andere, deren Selbstbewußtsein zu tief getroffen ist, bräuchten gerade in dieser allerersten Phase andere Anlaufstellen als die entmutigenden Ärzte. Fazit einer Mutter: *Man müßte geradezu eine Institution schaffen, die den Eltern über die Anfangsschwierigkeiten hinweghilft. Für die Kinder ist ja gesorgt. Die Eltern brauchen Hilfe.*

Verzweiflung: Warum gerade wir?

Kaum eine Familie mit behindertem Kind hat zuvor Erfahrungen mit dieser Lebensform gehabt: *Ich hatte nie Kontakt mit Müttern behinderter Kinder. Es trifft einen völlig unvorbereitet. Alles war weit weg. Ich habe einen großen Bogen um Behinderte gemacht und gedacht: Die arme Mutter.* Selbst wenn die Eltern in der Theorie körperliche oder geistige Behinderung nicht als Makel sehen, teilen sie doch mit allen die völlige Unkenntnis über das Leben mit einem behinderten Kind. Eine Lücke, in der sich unbewußt negative Empfindungen breitmachen. Wer es nicht selbst erlebt hat, muß davon ausgehen, daß ein solches Leben keinerlei positive Aspekte hat. Es bleibt unerklärlich, woher die Eltern die Kraft nehmen, die Behinderung auszuhalten und darüberhinaus noch fröhlich zu sein.

Es ist allerdings unmöglich, diesen Beweis anzutreten, ohne Familien mit behinderten Kindern zu kennen. Und der Zugang zu dieser positiven Erfahrung wird erschwert durch die Werte und Lebensziele, die in dieser Gesellschaft wichtig sind und die allen ständig eingehämmert werden: Danach sind Gesundheit, Fit-Sein, Leistung die Voraussetzungen zum Glücklichsein. Und es stimmt auch: Diese drei können angenehme Stunden und beglückende Empfindungen bringen. Kritisch wird es, wenn Alter, Krankheit und Behinderung daneben keinen Platz haben, verdrängt und tabuisiert werden.

Es wäre Heuchelei, abzustreiten, daß Harmonie und Schönheit des menschlichen Körpers anziehend sind, daß körperliche Verzerrungen, spastische Verkrampfungen und unkoordinierte Bewegungen erst einmal stutzig machen, sogar abstoßen. Gefährlich wird es, wenn wir in der intensiven Begegnung mit dem geistig behinderten, äußerlich deformierten Menschen nicht mehr die unverwechselbare Persönlichkeit erkennen können. Eine Persönlichkeit, die auch durch die Behinderung geprägt ist, aber zugleich ihre unverwechselbaren, liebenswerten Züge hat. Fast alle, die solchen Begegnungen ausgesetzt sind und ihnen standhalten oder sich ihnen freiwillig stellen, erleben die Brüchigkeit der traditionellen Werte und kommen über neue Erfahrungen zu neuen Einsichten. Doch ein solches Wagnis von Nichtbetroffenen ist unvergleichbar mit jener Katastrophe, die über Eltern hereinbricht, wenn sie für ihr Kind das Urteil «behindert» hören.

Das bisherige Leben geht buchstäblich nicht mehr weiter, denn nichts wird mehr so sein wie es war. Das ist gewiß, wenngleich die Eltern keine konkreten Vorstellungen haben. Doch schnell stellen sich die Alpträume ein: *Es ist am Anfang deshalb so schrecklich, weil man vorher keinerlei Kontakt zu Behinderten hat. Otto Normalverbraucher hat doch nie etwas damit zu tun. Man bricht völlig zusammen, weil man zu wenig weiß und nicht informiert ist. Deshalb hat man diese Horrorvorstellungen und denkt: O Gott, was nun? Erst hinterher erfährt man, daß es nicht so schlimm ist.* Es scheint keine Zukunft mehr zu geben.

In manchen Büchern über Behinderung wird erläutert, daß die Eltern so verzweifelt sind, weil die Pläne, die sie für ihr Kind schon vor der Geburt hatten, sich nicht erfüllen werden. Nun wird ihre Tochter keine Karriere als selbstbewußte Frau machen, ihr Sohn nicht die Welt verändern. Wer hat keine Träume für seine Kinder? Wer möchte nicht, daß sie glücklich und erfolgreich sind? Doch die Verzweiflung von Eltern behinderter Kinder, die am Anfang steht, gilt ebenso sehr und ganz zu Recht der Katastrophe, die ihr eigenes Leben umgestülpt hat.

Sie sind die ersten, die die Wucht dieser Veränderung zu spüren bekommen. Die Erkenntnis «niemals» zieht sie mit Bleigewichten in die Depression. Niemals wird der normale Kreislauf des Eltern-Lebens für sie gelten, weil ihr Kind niemals erwachsen im Sinn von selbständig sein wird. Immer werden sie Verantwortung tragen und gebunden sein. «Lebenslänglich» heißt das Urteil: *Was soll werden? Aus uns und dem Kind? Können wir das aushalten? Werden wir mit der Behinderung fertig? Woher nehmen wir die Kraft? Das habe ich mich damals zuerst gefragt. Erst heute weiß ich, daß man es unheimlich gut aushalten kann.* Gefangen von Vorurteilen und Unkenntnis, oft entmutigt und hoffnungslos gemacht durch die ersten Reaktionen der Experten, empfinden alle Eltern das gleiche: *Wenn man mich damals gefragt hätte, ob wir es schaffen, hätte ich nein gesagt.*

Die Zukunftspläne sind so wichtig gar nicht, sondern die Beziehungen, die man als Vater oder Mutter zu diesem Kind hat. Manche Mütter können es sofort annehmen, anderen ist dieses behinderte Wesen erst einmal fremd: *Es ist ein Stück von mir. Ich habe es geboren. Aber kann ich dieses Kind annehmen? Kann ich es lieb haben?* Ein Kind, das sich wehrt gegen jede Zärtlichkeit, das alle Liebe abzulehnen scheint, das keinen Erwartungen entspricht. Zu dem man keinen Kontakt bekommt, weil es im Brutkasten liegt, an Schläuchen und Sonden hängt und mit Unterbrechungen Wochen oder Monate im Krankenhaus liegt: *Kam meine Tochter wieder nach Hause, wollte oder konnte sie keine Zuneigung zeigen. Sie war mir ganz fremd. Und ich dachte: Ist das überhaupt mein Kind? Warum kann sie mich nicht liebhaben?*

Im Mütterkreis wird von einem Vater erzählt, der sein Down-Kind ablehnte. Die Mutter hoffte, daß das Kind sterben würde und machte einen Selbstmordversuch. Eine Mutter aus der Gruppe kommentiert: *In den ersten Wochen nach der Geburt wären wir dazu auch fähig gewesen.*

Das haben wir alles ebenso durchgemacht. Mongolismus war für uns das Schlimmste.

Eine Mutter, die von ihrem Partner während der Schwangerschaft verlassen worden war, mit einem angeblich gesunden Kind das Krankenhaus verlassen hatte und plötzlich erfuhr, daß ihr Sohn schwer behindert ist, erinnert sich: *Ich habe über alles Mögliche nachgedacht. Ich habe ernsthaft Selbstmord überlegt. Mir schien das Leben absolut nicht mehr lebenswert. Allerdings hatte ich keinerlei Aversionen gegen meinen Sohn. Ich dachte: Mich kann ich umbringen, aber nicht das Kind. Und wenn du nur dich umbringst, dann ist er ja alleine. Es kam immer wieder hoch in mir. Ich habe viele Tabletten geschluckt damals.* Eine Mutter sah bald nach der Geburt eines Down-Kindes ein zehnjähriges Mädchen mit der gleichen Behinderung: *Ich konnte nur denken: Hoffentlich sieht mein Kind nicht so aus, wenn es größer ist.*

In der ersten Verzweiflung, aus der Klinik womöglich ohne brauchbare Informationen entlassen, versuchen viele Eltern zu erfahren, was denn eigentlich mit ihrem Kind los ist: *Man steht plötzlich davor und hat überhaupt keine Ahnung. Ich bin in alle Bibliotheken der Stadt gegangen, um Bücher zu finden. Überall waren sie ausgeliehen.* Beim Buchhändler gab es dann einiges: *Die Literatur über die Behinderung unseres Kindes kenne ich auswendig. Als ich die ersten Abbildungen sah, bekam ich einen Schock. Das waren reine Horrorvisionen. Da stand auch nichts von Entwicklungen geschrieben oder von Änderungen zum Besseren. Ich wußte nur: Mein Kind würde ein solches Monster werden. In anderen Büchern las ich von glücklichen Eltern, die das Unmögliche vollbracht hatten. Als könnte man die Behinderung in ein paar Wochen mit gutem Willen und gehöriger Anstrengung wieder loswerden.* Trat nach solcher Lektüre das Unmögliche dann nicht in kürzester Zeit ein, hatte das ohnehin schlechte Gewissen der Eltern neue Nahrung bekommen.

Das Leiden der Kinder an ihren Behinderungen ist

unterschiedlich. Kaum zu ertragen für die Eltern sind Krämpfe, von denen ihre Kinder geschüttelt werden: *Zwei Wochen lag mein Sohn unter Narkose, damit sie überhaupt aufhörten. Damals wünschte ich, er würde sterben. Aber nicht, weil ich mir ein gutes Leben machen wollte. Ich habe nur geweint.* Immer die gleichen Fragen gehen im Kopf herum: *Warum gerade wir? Warum muß unser Kind so leiden?* Fragen, die ihre Berechtigung haben. Erst viel später wird man einsehen: *Sie sind Energie-Verschwendung. Es gibt keine Antwort.*

Die meisten Väter sind tagsüber nicht mit ihrem behinderten Kind konfrontiert. Die Mütter, die nicht berufstätig sind, sitzen nach ihrer Krankenhausentlassung stundenlang zu Hause, starren ins Leere oder liegen teilnahmslos im Bett, wenn ihr Baby sie nicht braucht: *Ich weiß gar nicht, was in diesem ersten Jahr passiert ist. Ich war nur körperlich da. Alles ist an mir abgerauscht. Ich war nicht in der Lage, mich mitzuteilen.* Die einen müssen sich daran gewöhnen, daß ihr Kind ständig schreit, die anderen daran, daß es völlig apathisch ist: *Fast zwei Jahre lang gab es keine Reaktion, wenn ich es hochnahm. Es hat nur gegessen und geatmet. Ich bekam keinen großen Kontakt zu meinem Kind.*

Wenn beide Eltern berufstätig sind und das Kind ganztägig Betreuung braucht oder – nach einem Unfall – monatelang im Krankenhaus liegt, ist es meist die Frau, die verzichtet und mit dem Verzicht auf ihren Beruf ihre eigenen Zukunftspläne begräbt. Eine Mutter, deren Sohn nach einem Autounfall wochenlang ohne Bewußtsein war, gab ihren Beruf auf und ging täglich ins Krankenhaus: *Das Warten war das Schlimmste. Kein Arzt sagte uns, was los ist. Ich habe immer gehofft, mein Sohn wacht auf und sagt «Mama».*

Die Mutter ist es auch, die vor allem und zuerst mit ihrem behinderten Kind auf die Welt der andern, der Gesunden trifft – und sie nicht ertragen kann: *Ich ging mit dem Kinderwagen immer dorthin, wo keine Mütter mit ihren*

Kindern waren. Wenn ich andere Mütter sah, mußte ich weinen. Und die Mutter einer zwölfjährigen Tochter: *Am Anfang konnte ich in keinen Kinderwagen hineinsehen. Ich war neidisch. Erst seit ein paar Jahren kann ich es wieder.* Auch wenn man nicht mehr dazugehört, ausweichen kann man dieser andern Welt nirgendwo: *Rundherum in der Nachbarschaft gab es nur gesunde Kinder. Das war hart.*

Ein behindertes Kind bewegt nicht nur die Eltern, auch die Verwandten und Freunde sind betroffen, und vor allem die Großeltern. Selten ist es so unproblematisch wie bei einer Mutter, die siebzehn Jahre war, als ihr behindertes Kind zur Welt kam: *Ich wurde von meiner Familie aufgefangen und konnte meine Lehre zu Ende machen. Meine Tochter wurde von meiner Großmutter versorgt.* Oder die Mutter von zwei behinderten Töchtern: *Mit meinen Eltern und Schwiegereltern gab es überhaupt keine Probleme. Sie stehen voll dazu.* Doch sie sagt auch: *Ich kenne Fälle aus dem Kindergarten, wo die Großeltern, die nur eine Straße weiter wohnen, sagen: Mit dem Kind kommt ihr besser nicht mehr zu uns. Das ist bitter.* Eine Großmutter, deren schwer behindertes Enkelkind seit vierzehn Jahren bei ihr lebt, erzählt: *Die anderen Großeltern kommen nur zu Weihnachten und zum Geburtstag, um das Gesicht zu wahren. Einmal, als ich sehr krank war, haben wir die andere Großmutter gebeten, zum Füttern vorbeizukommen. Am nächsten Tag rief sie an und sagte, sie könne nicht kommen, sie hätte Kopfschmerzen.* Eine Mutter erlebt, daß ihr Kind das Haus seiner Tante nicht betreten darf. Eine andere erfährt: *Als unsere Schwägerin mit unserer gesamten Familie in Urlaub fahren wollte, war die ganze Verwandtschaft entsetzt: Weißt du, was du dir da antust?* Eine Großmutter weigert sich, ihren Enkel auch nur auf dem Foto anzusehen.

Das sind Reaktionen, mit denen nicht wenige Eltern fertig werden müssen. Wieder zeigen ihnen Menschen, von denen sie Mitgefühl und Hilfe erwarten, daß auch in diesem Kreis darauf nicht zu hoffen ist: *Jeder ist selbst für seine Kinder verantwortlich.* Bei anderen treten Spannungen und Schwierigkeiten gerade deshalb auf, weil die emotionale Nähe zu groß ist und jeder Angst hat, den anderen zu belasten. Die betroffenen Eltern wissen, daß ihre eigenen Eltern ebenfalls verzweifelt sind und Hilfe brauchen. Sie ahnen, daß ihr Unglück die Großeltern nicht mehr schlafen läßt. Auch von dieser Seite erwachsen Ansprüche und Erwartungen, die sie nicht erfüllen können. Die Eltern selber haben an diesem Tiefpunkt ihres Lebens keine Energie und keine Hoffnung mehr, um andere – und seien sie ihnen noch so nah – zu trösten. Sie können nicht einmal über ihre eigene Verzweiflung offen sprechen, weil sie wissen, daß sie damit die Großeltern noch mehr belasten. Und weil sie schon mißtrauisch geworden sind gegenüber jenem wortreichen Mitleid, das ihnen überall entgegenschlägt.

Umgekehrt möchten die Großeltern helfen und wissen doch nur zu genau, daß ihre Hilflosigkeit, ihre Tränen den eigenen Kindern unerträglich sind. So ist jedes Telefongespräch belastet. Jeder Besuch wird zur Qual, weil man sich nicht wehtun möchte. Wie die Eltern schmerzlich Abschied nehmen müssen von vielen Lebenszielen für sich und für ihr Kind, müssen die Großeltern das gleiche tun in bezug auf ihre erwachsenen Kinder und die Enkel, denen sie natürlich ein anderes, unbeschwerteres Leben gewünscht haben. Es gelingt nur selten, daß die beiden Generationen diese Trauerarbeit gemeinsam leisten. Lebt man sich nicht zu weit auseinander, dann mildert die Zeit auch die Verzweiflung der Großeltern und macht ein unverkrampftes Verhältnis wieder möglich.

Es gibt Beziehungen, die kommen aus diesen anfänglichen Spannungen nie heraus: *Neulich rief meine Mutter an und sagte: «Du bist zu bedauern. Du hast so ein schweres Schicksal.» Da wäre ich am liebsten explodiert. «Was soll das?» habe ich ihr gesagt. «Das mache ich nicht seit gestern, sondern seit vierzehn Jahren. Ich muß damit leben und meine Familie auch. Und wir sind trotzdem glücklich.»* Die Großeltern, die den Alltag mit dem behinderten Kind nicht erleben und mit ihrer Phantasie und ihren Ängsten allein sind, stellen sich immer die gleichen Fragen: Können ihre Kinder jemals wieder glücklich sein? Halten sie diese Belastung aus, ohne darunter zu zerbrechen? Werden sie jemals wieder so unbeschwert und fröhlich sein wie früher? Wenn ihnen ihr Kind im Laufe der Jahre darauf mit Ja antwortet, bleiben die Großeltern mißtrauisch, weil es für sie wie für jeden, der es nicht kontinuierlich erfährt, unvorstellbar ist. Sie argwöhnen, die wenigen Stunden, die man zusammen ist, seien nur schöner Schein und nicht der Alltag. Da man über die tiefe Verzweiflung nicht offen miteinander reden konnte, brauchen die Großeltern lange, um dem neuen Leben ihrer Kinder zu trauen und überzeugt zu sein, daß es tragfähig ist für die ganze Familie.

Manchmal erleben die erwachsenen Kinder, wie sich ältere Menschen noch ändern: *Mein Vater war immer der Meinung, daß behinderte Kinder nichts vom Leben haben und man sie irgendwo verstecken sollte. Er hat sich sehr gewandelt und heute eine andere Auffassung von Behinderung. Er geht mit unserem Sohn überall hin.* Die Mutter eines Down-Kindes erlebt: *Meine Mutter war mit allen bösen Vorurteilen der Nazi-Zeit geimpft. Behinderte sollten besser gar nicht leben. Als sie dann meinen Sohn zum erstenmal sah, ist sie mit fliegenden Fahnen in das andere Lager übergelaufen. Die beiden verstehen sich bestens.* Andere Großeltern sind kein Problem, aber auch keine Hilfe: *Sie sind lieb, wollen es jedoch nicht wahrhaben. Wenn wir telefonieren, fragen sie plötzlich: Läuft er jetzt? Spricht er jetzt? Dann weiß ich wieder, wie weit weg sie von allem sind.* Schlimm wird es, wenn die zwei Großelternpaare sich plötzlich in feindlichen Lagern sehen, tuscheln, welche Familie wohl schuld an der Behinderung ist, und mit dem Finger auf die jeweils andere zeigen.

Ein Alptraum – zumindest in den ersten Jahren – sind die Feste, die Geburtstage, Weihnachtsfeiern, Familientreffen: *Meine Verwandten sagen mir dann immer nur, was ich mit meiner Tochter alles verkehrt mache. Mit dem Kind können sie gar nichts anfangen. Es wird von allen weggestoßen.* Kritik der Großeltern an den Erziehungsmethoden ihrer Kinder ist nichts Besonderes. Doch eine «behinderte Mutter» ist besonders empfindlich: *Meine Mutter nimmt meine Tochter immer nur für eine Stunde und schickt sie zurück, wenn sie schwierig wird. Aber mich kritisiert sie, wenn ich mit meiner Tochter nicht zurechtkomme.* Auch wenn auf allen Seiten nur guter Wille herrscht, kann am Ende ein Scherbenhaufen stehen. Wo die Erwachsenen feierlich gestimmt sind und auch wehmütig, weil Weihnachten nun einmal ein Fest der Kinder ist, da reagiert ein behindertes Kind mit Unruhe und Aggression, weil sein bekannter und überschaubarer Tagesablauf durch lauter unbekannte und ihm unverständliche Ereignisse gestört ist. Es freut sich nicht über Geschenke, deren Sinn es nicht erfaßt, sondern schreit, weil ihm die vielen fremden Menschen in fremder Umgebung angst machen. Die Verwandtschaft weiß nicht, wie sie reagieren soll. Die Eltern werden nervös, verlassen schließlich die verstörte Festgesellschaft – zermürbt und unglücklich. In gleicher Stimmung bleibt die Verwandtschaft zurück: *Da saßen wir nun und hätten am liebsten geheult.* Es ist ein langer Weg für alle, zu lernen, daß nichts mehr so ist, wie es früher war. Für Eltern wie Großeltern behinderter Kinder ist eine wesentliche Aufgabe sinnlos geworden: Ihre eigenen Erfahrungen und ihre Vorstellungen von Glücklichsein an die Kinder und Enkel weiterzugeben. Zusammen müssen sie lernen, für den Alltag und für die besonderen Stunden neue Formen und neue Erlebnisfähigkeiten zu entdecken.

Sind ein paar Jahre vergangen, erleben die Eltern mit mehr Nachsicht, wie ihre Kinder mit Geschenken überhäuft werden, mit denen sie nichts anfangen können. Sie spiegeln die Hilflosigkeit der Schenker und haben am Anfang die Eltern immer aufs neue daran erinnert, daß ihr Kind nicht so ist wie andere: *Wir haben säckeweise Steifftiere und Puppen zu Hause, mit denen unsere Tochter nicht spielt. Die anderen begreifen und lernen es einfach nicht. Aber wir müssen uns ungeheuer darüber freuen.* Schmerzlich ist es auch, wenn die Großeltern immerzu von den gesunden Enkeln erzählen, die die tollsten Dinge treiben, während die Eltern des behinderten Kindes stumm daneben sitzen und daran denken müssen, was ihr Kind alles niemals bringen wird.

Wurde die Behinderung bei der Geburt festgestellt, so ist der Geburtstag vor allem in den ersten Jahren ein Tag, an dem es den Eltern schwer ums Herz wird. Je weiter die Verzweiflung zurückliegt, desto freier können sie ihre Energie und ihre Phantasie nutzen, damit auch ihr behindertes Kind diesen Tag als etwas Besonderes erlebt.

Während die heranwachsenden Kinder sich von den Eltern emanzipieren, treten andere Menschen in ihren Lebenskreis. Freunde werden wichtig. Mit ihnen teilt man keine so verwickelten Emotionen, wie sie durch das intensive Zusammensein und das Abhängigkeitsverhältnis zwischen Eltern und Kindern entstehen. Sind Freunde deshalb hilfreicher in der Krise? Nein, sagen die meisten Eltern behinderter Kinder. Die Eltern, die gute Erfahrungen mit Freunden machten, als ein behindertes Kind ihr Leben änderte, sind in der Minderheit. Es gilt, mitten in der Krise wieder eine Enttäuschung zu verkraften: *Unser Freundeskreis ist stark geschrumpft. Die Freunde wußten nicht, wie sie mit der neuen Situation umgehen sollten. Und wir hatten nicht die Energie, es ihnen zu erklären.* Bitterkeit bleibt zurück: *Die haben alle die Tür von draußen zugemacht. Da läuft nichts mehr. Man verliert alle, weil man immer gebunden ist.* Auch Verständnis gibt es: *Abends läuft bei uns überhaupt nichts mehr. Man hat uns drei, viermal eingeladen. Aber ausgerechnet dann schlief unser Kind nicht ein, und wir konnten nicht kommen. Irgendwann wird man nicht mehr eingeladen. Jetzt spielen sich meine Freundschaften alle vormittags ab und nur unter Frauen.*

Auch bei den Freunden sind die Eltern von großem Mißtrauen gegenüber einem Mitleid erfüllt, das einem herablassenden Bedauern oder bloßer Pflichterfüllung entspringt. Sie wollen nicht mit dem Gefühl zurückbleiben, dankbar sein zu müssen. Wie leicht stellt sich die Empfindung ein, daß jemand die eigene Stärke aus der Schwäche des anderen zieht und vom Leid profitiert, um sich im besten Licht zu zeigen. Eltern werden ungerecht, weil sie so verzweifelt, so empfindlich sind. *Es ist gar nicht so leicht, sich helfen zu lassen. Auch das muß man erst lernen, wenn man immerzu darauf gedrillt wurde, alles selber zu machen, keine Schwächen zu zeigen. Ich konnte mit niemanden über meine Verzweiflung reden. Ich hatte mich abgekapselt und machte nach außen den Eindruck: Ich bin stark und schaffe das schon. Tatsächlich war ich sehr verletzlich.*

Andere Eltern zeigen sich in ihrer Schwäche und erleben, daß ihre Freunde auf ein bestimmtes Bild festgelegt sind, von dem sie sich nicht trennen können: *Alle meine Freunde blieben weg. Sie wollen nicht, daß man sich verändert. Früher war ich immer lustig. Nachdem ich von der Behinderung erfuhr, wurde ich sehr depressiv. Auch heute bin ich von Zeit zu Zeit traurig. Und sie sagen mir auch: Du bist ja ganz anders geworden.* Gerade weil Eltern verunsichert sind, weil sie unter dem Schock stehen, nichts mehr für sich selber beanspruchen zu dürfen, brauchen sie Außenstehende, die die Gewichte wieder verschieben: *Ich hole mir Rat bei Freunden, von denen ich weiß, daß sie Verständnis haben. Ich will hören, daß mir jemand sagt: «Tu was für dich!» Dann tu ich's auch. Ich gehe mir diesen Rat sogar holen, wenn er nicht von selber kommt. Denn wenn ich solche Ermutigungen nicht bekomme, neige ich dazu, für mich selbst keine Initiativen zu ergreifen.* Es ist wichtig, daß Freunde solche Signale hören und ernst nehmen. Das Kind und seine Eltern sind Opfer der Behinderung.

Bei den Juden gibt es den schönen Brauch, daß ein Mensch, der um einen Toten trauert, von seinen Freunden besucht wird. Sie sagen kein Wort, sondern trauern schweigend mit ihm. In der ersten Zeit der Behinderung können Freunde kaum konkrete Hilfe leisten. Ihre Unterstützung besteht darin, weder wegzulaufen vor dieser unbekannten Erfahrung noch trösten zu wollen, wo es vorerst keinen Trost geben kann. Versuchen sie, die brutale Realität zu verniedlichen oder an die Vernunft der Eltern zu appellieren, wird das Gespräch verstummen. Es kommt darauf an, vor der ohnmächtigen Trauer der Eltern nicht zu kapitulieren, sondern sie auszuhalten. Sich nicht zu wundern, sich nicht zurückzuziehen, wenn die Betroffenen abweisend reagieren und sprachlos werden, vielmehr dazusein, auch wenn man gar nicht wahrgenommen wird: *Daß unsere Familien und unsere Freunde einfach zugehört und Interesse gezeigt haben, war eine große Hilfe*. Denn es gilt: *Man schafft es kaum aus sich allein, die Verzweiflung zu überwinden. Man braucht Freunde*. Für die Freunde bedeutet es, die eigene Hilflosigkeit einzugestehen und nicht zu verdrängen. Sie müssen bereit sein, dazuzulernen, sich zu verändern.

Am Anfang genügt es, diese Bereitschaft zu vermitteln und zu verstehen, daß es für die Eltern nichts anderes mehr gibt als dieses Kind. Später sehen die Eltern nicht ohne Selbstkritik zurück: *Wie weit kann man es schaffen, sich in der ersten Zeit von seinem behinderten Kind abzunabeln? Heute würde ich mir das zutrauen. Aber jetzt sind keine Freunde mehr da*. Auch das ist ein langer Prozeß: zu erkennen, daß Freunde genau so gut für das behinderte Kind sorgen können und daß sie mit ihm zusammen neue Dinge erleben, die sie glücklich machen. Selbst mit den Freunden, die bleiben und denen man vertraut, fällt es schwer, offen und unbeschwert umzugehen: *Als mein*

Sohn übers Wochenende bei Freunden war, hörte ich hinterher: «Ich hatte keine Ahnung, wieviel Arbeit das macht.» Ich habe Tage gebraucht, um einzusehen, daß dies überhaupt nicht so gemeint war, wie ich es mir einbildete.

Die Urangst, ein Kind zu haben, das andern zur Last fällt und nicht so geliebt wird, wie es ist, bleibt allgegenwärtig. Sie macht es fast unmöglich zuzugeben, daß ein behindertes Kind mehr Belastungen bedeutet. Viele Handgriffe müssen getan werden. Auch ein Kind hat sein Gewicht und ständiges Heben geht ins Kreuz. Was die anderen nicht miterleben sind die unruhigen und oft kurzen Nächte, mit denen sehr viele Eltern behinderter Kinder fertig werden müssen. Manche Kinder weinen oder schreien jede Nacht. Andere sind viele Stunden wach, weil das Schlafzentrum gestört ist. Und wer den ganzen Tag im Rollstuhl sitzt, wird nicht sehr müde. *Das Schlafen ist schlimm. Wir haben jetzt für uns alle ein Matratzenlager gemacht. Das ist einfach bequemer, denn wir werden pro Nacht drei- bis viermal geweckt.*

Es ist erstaunlich, mit wie wenig Schlaf viele Eltern auskommen und sich einrichten. Aber selbst wer sich daran gewöhnt hat und seelisch stabil ist, den kann der chronische Schlafmangel – und die Aussicht, daß er so bald nicht enden wird – von Zeit zu Zeit zermürben. Es gehört viel Vertrauen dazu, solche geheimen Augenblicke der Niedergeschlagenheit mit andern zu teilen. Um so mehr, wenn es eigentlich nicht um die eigene Person geht, sondern das behinderte Kind der Auslöser aller Belastungen ist. Werden die anderen dieses Kind trotzdem ohne alle Abstriche akzeptieren? Werden die Freunde, wenn sie um solche Sorgen wissen, wirklich verstehen, daß die «behinderte Familie» damit leben und glücklich sein kann?

«Behinderte Eltern» haben die gleichen Wünsche und Gefühle wie alle Eltern. Sie werden eher noch gesteigert durch die Ablehnung, die sie überall erfahren. Es trifft sie, es bedeutet eine Abwertung ihrer Elternschaft, wenn ihr Kind keinen Platz hat in der Beziehung zu ihren Freunden: *Ich möchte mit meinen Freunden auch über mein behindertes Kind reden können. Nicht jammern, reden. Meine Freunde müssen mein Kind lieb haben. Sie sollen sich nicht deshalb um ihn kümmern, weil er behindert ist.*

Die Eltern eines behinderten Kindes haben allen Grund, mißtrauisch zu sein. Zuerst ist da der Arzt, von dem sie Hilfe erwarten und der sie in so vielen Fällen im Stich läßt. Mit den eigenen Eltern können sie nicht reden, weil beide Seiten völlig in der Verzweiflung versunken sind. Alle Erfahrungen verstärken das Gefühl totaler Verlassenheit. Die Überzeugung frißt sich immer tiefer: Uns kann niemand helfen, denn niemand kann sich in unsere Situation versetzen. Immer weiter scheint man sich von den andern zu entfernen. Man merkt, daß man mit Freunden und Verwandten über viele Dinge gar nicht mehr reden kann und denkt: *Was haben die bloß für Probleme?*

Man selbst bekommt plötzlich ganz andere Blickwinkel. Da gehen manche Freundschaften in die Brüche. Je mehr die Isolierung wächst, desto größer wird der Wunsch, nicht mehr allein zu sein. Ob die Eltern ihn aussprechen können oder nicht. Wieder gilt, daß «behinderte Eltern» nichts Besonderes brauchen, sondern das, was alle Menschen nötig haben. Nur sind sie sensibler geworden für den Mangel an Mitmenschlichkeit und anfälliger, wenn lebensnotwendige Kommunikationen ausfallen: *Man braucht unbedingt andere Menschen. Den möchte ich sehen, der allein ist und dabei halbwegs zufrieden. Man braucht Menschen, die einen nicht bemitleiden, sondern einfach mitgehen in dem Leben, das man mit diesem Kind hat. Man will auch, daß andere es liebhaben, unbedingt.*

Wendepunkt: Wir haben gelernt, kleine Schritte zu machen

Die Eltern haben die Wahrheit erfahren, aber sie sind noch lange nicht soweit, sie akzeptieren zu können. Nach dem ersten Schock und unabhängig von aller Verzweiflung folgt die Auflehnung. Auf die Hoffnung, daß der Arzt sich geirrt haben muß, folgt der Glaube, daß die Behinderung heilbar ist, beseitigt werden kann. Alle Möglichkeiten will man ausnutzen, um das Kind und sich aus diesem Alptraum zu erlösen. Es gibt Eltern, die sich finanziell ruinieren, um das Wunder zu erzwingen. Apparate, Operationen, Frischzellen-Therapie – es beginnt die lange Reise von einem Arzt zum anderen, von einer Behandlungsmethode zur nächsten: *Unter dem Wort «Spastikerin» konnten wir uns gar nichts vorstellen und dachten: Das muß doch zu beheben sein. Wir waren mit unserem Kind in Essen und Münster und München. Dann hofften wir auf eine Gehirnoperation, schreckten aber doch vor dem hohen Risiko zurück. Wir hörten von einem Arzt in Italien und haben immer auf das Wunder gewartet. Bis irgendwann ein Punkt kam, an dem wir erkannten: Das nützt alles nichts. Wir müssen unser Kind so akzeptieren und aufhören, auf ein Wunder zu warten.* Ein Vater erzählt: *Meine Frau sagte mir am Telefon, der Junge könne nach der Frischzellen-Therapie selber seinen Rollstuhl fahren. Dann kamen sie nach Hause, und da war überhaupt nichts. Ich bin überzeugt, daß er seine kleinen Fortschritte auch ohne diese Kur gemacht hätte.*

Ist diese Illusion ebenfalls gründlich zerstört, klammert man sich an den nächsten Strohhalm. Therapeutisches Turnen heißt nun das Zauberwort. Es beginnt ein

Prozeß, der wieder harte Enttäuschungen, aber oft auch die Wende zum Besseren bringt. Es ist die Mutter, die in den allermeisten Fällen mit ihrem Kind unermüdlich zur Therapie geht, zu Hause stundenlang übt und die Last der Verantwortung zu tragen hat, daß sich bald Erfolge zeigen. Auch verwirrt sie zuerst einmal der Streit der Experten. Die einen schwören auf die Bewegungstherapie des englischen Ärzteehepaares Bobath. Gerät sie an eine andere Therapeutin, bekommt sie in scharfem Ton zu hören: «Wer nicht nach Vojta turnt, aus dem kann nichts werden!» Die ohnehin verunsicherte Mutter wird noch hilfloser und fragt sich: Tue ich wirklich das Richtige für mein Kind? Wie soll sie eine Entscheidung treffen, wenn die, von denen sie Rat und Hilfe erwartet, so zerstritten sind?

Hat sie sich für eine Methode entschieden, beginnt der Streß für Mutter und Kind, vor allem, wenn die Übungen schmerzhaft sind. Zwei Erwartungen greifen ineinander und treiben sich gegenseitig an. Die Mutter kann endlich etwas Konkretes für ihr Kind tun und hofft auf Erfolge, wenn sie nur konsequent und ohne Unterlaß mit ihrem Kind übt. Die Therapeutin braucht den Erfolg als Beweis für ihre Arbeit und kann die Mutter nur motivieren, wenn sie Fortschritte in Aussicht stellt.

Inzwischen wurde die Lehrmeinung aufgegeben, die die Eltern am Anfang der Therapiebegeisterung in den siebziger Jahren zu «Ko-Therapeuten» machte. Eine umfassende Untersuchung in Bayern, dem Bundesland mit dem besten Frühförderungssystem, hat ergeben, daß selbst ein noch so rigoroses Therapie-Programm keine Entwicklungsfortschritte bei dem behinderten Kind zeigt. Ob ein Kind die lebenswichtige Fähigkeit überhaupt etwas zu lernen entwickelt, hängt nicht so sehr von der Anzahl der Turnübungen – so wichtig sie ohne Zweifel sind – ab, sondern von der positiven emotionalen Beziehung zwischen Eltern und Kind. Die Fachleute müssen sich hüten, die Eltern als Versager hinzustellen, wenn es nicht so klappt, wie es im Lehrbuch steht. Sie dürfen nicht für das Kind Partei ergreifen und es als Opfer seiner Eltern sehen – etwa nach der Devise: Wenn ein behindertes Kind keine Fortschritte zeigt, sind immer die Eltern schuld.

In der Theorie ist man von solchen Fehleinschätzungen wieder herunter. In der Praxis allerdings funktioniert dieses Schema immer noch. Fast alle Mütter klagen: *Ich stand unter großem Leistungsdruck. In jeder Therapiestunde wurde ich gefragt: «Macht er etwas Neues?» Da war aber nichts. Dann hieß es: «Haben Sie auch alles gemacht?» Jedesmal fühlte ich mich schuldig.* Die Aussagen sind immer gleich: *Ein Jahr lang habe ich unheimlich geklotzt. Es kam nichts – außer Schuldgefühlen.*

Nicht nur das Selbstbewußtsein der Mütter ist betroffen. Die Beziehung zu ihrem Kind kann schwer gestört werden. Eine Mutter mit behinderten Zwillingen: *Die Kinder brüllten schon, wenn ich sie zum Turnen auszog. Ich dachte schon am Abend vorher daran, wie ich mich auf sie raufschmeißen mußte. Anderthalb Jahre habe ich das gemacht. Ich konnte die Kinder nicht mehr in den Arm nehmen und mit ihnen schmusen. Dann bin ich noch ein Vierteljahr zur Therapeutin gegangen, habe aber zu Hause nicht mehr geübt. Allerdings hatte ich nicht den Mut, es ihr zu sagen.* Die Eltern haben das Gefühl, zu Robotern zu werden. Eigene Ideen werden nicht gerne gesehen. Alles geht seinen vorgeschriebenen Gang.

Aber irgendwann sehen die Verunsicherten, daß die Versprechungen der Experten nicht eintreffen. Sie kommen herunter auch von diesen überzogenen Erwartungen und machen eine Erfahrung, die über die Therapiestunde hinaus unendlich wichtig ist für das Leben mit einem behinderten Kind: *Zuerst habe ich mich an die Experten gehalten, weil ich dachte, die können mir helfen, die kennen sich aus. Meine Erfahrung: Der Arzt und die Gymnastikerin sind hilflos. Sie können mir vom medizinischen Standpunkt vieles sagen. Aber den Alltag mit einem behinderten Kind kennen sie nicht. Sie können mir nichts vom Leben mit der Behinderung erzählen. Man muß sich von den Experten abnabeln.*

Diese Abnabelung ist nicht leicht. Manchmal hilft nur eine drastische Erfahrung: *Ich wollte, daß meine Tochter etwas lernt. Als ich sah, daß sie anfing zu sitzen, wurde ich ehrgeiziger. Dann habe ich in den Sommerferien acht Wochen nicht geturnt. Als dann die Krankengymnastin wiederkam, sagte sie: «Sie haben ja toll geturnt. Was Ihre Tochter für Fortschritte gemacht hat!» Seitdem bin ich nicht mehr so ängstlich und weniger ehrgeizig.* Außerdem erfahren die Eltern, daß auch ein behindertes Kind nicht alles mit sich machen läßt und sich eines Tages den Übungen einfach verweigert.

Es geht nicht darum, Therapie und Frühförderung abzuwerten, die in den vergangenen Jahren außerordentliche Fortschritte gemacht haben. Die Entwicklungen und Veränderungen, die durch spielerische Übungen und harte Anstrengungen möglich sind, bedeuten für unzählige Kinder und Eltern ein neues Leben. Es kommt darauf an, von der Illusion Abschied zu nehmen, daß die Behinderung durch Geduld und Einsatz wegtherapiert werden kann und daß der Erfolg im direkten Zusammenhang mit der Mühe steht, die sich alle geben: *Meiner ist eben ein kleiner Schlappi. Vom zweiten Monat an turnen wir. Jetzt ist er zweieinhalb und läuft immer noch nicht. Andere Kinder sind einfach stärker.* Und es kommt für die Eltern darauf an, abzuwägen und über dem behinderten Kind nicht die Familie als Ganzes zu vergessen: *Zwei Jahre habe ich gebraucht, um zu erkennen, daß der winzige Fortschritt in keiner Relation zu den Nachteilen für die ganze Familie stand. Ich habe alle anderen vernachlässigt und rundum ein schlechtes Gewissen gehabt.*

Die nüchterne Erkenntnis über den «kleinen Schlappi» zeigt auf, daß eine Mutter nicht in der Enttäuschung über ausgebliebene Erfolge steckenbleiben muß. Trotz der

Enttäuschungen, trotz der Spannungen, die sich in den langen Wochen und Monaten der Therapie bei der Mutter breitmachen, kommt in dieser Zeit des intensiven Zusammenseins zwischen diesen beiden Menschen etwas in Bewegung. Die Mutter kann den Realitäten nicht länger ausweichen. Irgendwann löst der Nebel sich auf, sieht sie, daß außer ihr da noch ein winziger Mensch ist, der Hilfe braucht: *Als mein Sohn geboren wurde, hätte ich etwas drum gegeben, wenn er gestorben wäre. Das Kind tat mir den Gefallen nicht, und ich mußte mich mit ihm auseinandersetzen.*

Es ist nicht selten die Therapeutin, die der Mutter hilft, sich mit den Realitäten auseinanderzusetzen und den Blick über alle Behinderungen hinweg auf diesen kleinen Menschen zu richten, der ihr Kind ist: *Mir hat die Therapeutin Mut gemacht. Sie sagte mir, ich solle nicht soviel tun und erst einmal mein Kind beobachten.* Zum erstenmal seit der Information über die Behinderung entsteht mit der Therapeutin ein Kontakt zu einem Menschen, der nicht als Familienmitglied emotional belastet ist und mit dem man endlich reden kann: *Wenn ich Probleme hatte, fiel die Therapie zugunsten eines Gesprächs aus.*

Es beginnt der schmerzliche und bewußte Prozeß des Abschiednehmens. Die Eltern weichen der Behinderung nicht mehr aus. Sie versuchen, sich klar zu machen, daß es für ihr Kind Grenzen gibt, die es niemals übersteigen kann. Viele schöne Dinge, die ihnen selbst wichtig sind, sind für ihr Kind nicht erfahrbar – und für die Eltern auch nicht. Es wird niemals die tröstenden Stimmen von Vater und Mutter hören, denn es ist absolut gehörlos. Es wird niemals die Eltern ansehen, denn es ist blind. Es wird niemals mit andern Kindern um die Wette laufen, denn es ist ein Spastiker. Die Eltern werden niemals mit ihm scharfzüngige Diskussionen führen können, denn es ist geistig behindert. Ihr Kind wird nie so sein, wie sie es sich gewünscht haben. Aber es braucht sie. Mehr als jedes andere Kind.

In der Therapie lernen die Eltern, daß sie ihrem Kind helfen können, auf seine eigene Weise sich selbst, andere Menschen und die Welt zu entdecken. Ist dieser Prozeß einmal in Gang gekommen, machen die Eltern irgendwann eine bis dahin unvorstellbare Entdeckung: Ihr behindertes Kind lernt durch sie, sich zu freuen, und sie lernen zusammen mit dem Kind, wieder glücklich zu sein. Weil so viele Enttäuschungen hinter ihnen liegen, weil sie mit ihren Erwartungen bescheiden geworden sind, erleben sie diese unerwarteten und am Anfang nur kurzen Momente mit einer großen und kaum nachvollziehbaren Intensität. Was für andere Eltern gleichaltriger Kinder längst selbstverständlich ist, ereignet sich für sie – nach der langen Zeit des Wartens – zum erstenmal. Ihr Kind blickt sie an, und die wenigen Sekunden sind wirklich eine Ewigkeit. Die Eltern kommen nach Hause, und ihr Kind erkennt sie wieder. Es freut sich, daß sie da sind, und legt ihnen die Arme um den Hals. Vielleicht hat es Jahre dazu gebraucht. Die Mutter einer schwer behinderten blinden Tochter: *Unser größter Wunsch war, wenn sie doch lächelte! Zwei Jahre lang kam nichts, wenn wir sie hochnahmen. Und eines Tages hat sie gelächelt, zum erstenmal.*

Es braucht eine lange Zeit, Abschied zu nehmen von den Erfolgsvorstellungen, mit denen die Eltern großgeworden sind. Es ist nicht so einfach, die Maßstäbe zu verrücken, nach denen man bisher gelebt hat und die für alle anderen ringsherum unverrückbar sind. Es kostet viel Kraft, Geduld zu haben und keine hohen Erwartungen. Die Grenzen anzuerkennen und doch die Hoffnung nicht aufzugeben, nicht zu resignieren. Unmerklich wird vieles, das bisher wichtig war, unwesentlich, und ganz kleine Dinge werden als großer Fortschritt erfahren. *Die Welt ist nicht stehengeblieben. Das Leben geht weiter. Aber anders als vorher. Es klingt schwülstig, ist aber so. Was unser Sohn uns beigebracht hat, hätte ich sonst nie gelernt. Ich denke jetzt über viele Dinge ganz anders.* Zu solchen Erkenntnissen kommen praktische Einsichten: *Eines Tages habe ich erkannt, daß es nichts bringt, die ganze Nacht zu weinen. Es ist besser, wenn ich ausgeschlafen bin.*

Die Eltern eines behinderten Kindes, denen es gelingt, neu leben zu lernen, werden die Erschütterungen, die sie durchlitten haben, immer in sich tragen. *Schwierig ist es trotzdem, zeitlebens. Wenn man gesunde Kinder sieht, kommt es manchmal wieder hoch. Verdammt, so hätte es auch sein können. Es ist nicht so, daß man es total verdrängt. Man muß lernen, damit zu leben. Und möglichst so, daß man den Spaß am Leben nicht verliert.*

Es ist modern, von einem alternativen Leben zu träumen. Eltern behinderter Kinder werden durch die Realitäten gezwungen, umzudenken, ohne Anerkennung und Unterstützung bei der Mehrheit zu finden. *Ich habe andere Wertvorstellungen für mein ganzes Leben bekommen. Ich bin nicht mehr so an der Leistungsgesellschaft orientiert. Hoffnungen habe ich auch heute noch, egal wie die Entwicklung bei meiner Tochter weitergeht. Sonst gäbe ich einen Menschen auf. Sie lernt, und sie verändert sich. Manche meiner Vorstellungen sind nicht eingetroffen. Dafür hat sie anderes gelernt. Sie ißt selbständig und fährt Rollstuhl. Ich habe gedacht, das lernt sie nie. Sie ist nicht wie wir. Aber sie ist glücklich.* Die Eltern leben von nun an in der Spannung zwischen diesen neuen Vorstellungen von dem, was wesentlich und wertvoll ist und den Zielen, denen die anderen hinterherjagen.

Wenn die Verzweiflung abklingt und die Eltern behinderter Kinder wieder festeren Boden unter den Füßen fühlen, haben sie gelernt, daß es keine Sicherheiten gibt, auf die absoluter Verlaß ist. Sie versuchen, in der Gegenwart zu leben und sich nicht durch Fragen nach der Zukunft ängstigen zu lassen: *Ich denke längst nicht mehr so wie früher an die Zukunft. Wir leben von Jahr zu Jahr und hoffen, daß nichts dazwischenkommt. Früher habe ich gedacht, wenn das Kind größer ist, kann ich etwas Neues anfangen. Das ist nicht mehr.* Wer die kleinen Fortschritte akzeptiert, macht keine großen Pläne mehr: *Ich frage nicht, wie es in drei Jahren aussieht. Ich habe erfahren, daß es immer ein bißchen besser geht.* Doch nicht alle sind so ermutigt. Im Verzicht kann auch Resignation liegen: *Ich traue mich nicht, an die Zukunft zu denken. Es kann plötzlich wieder ganz schlecht werden. Anders kann man es nicht verkraften.*

Es ist nicht so, daß die Eltern behinderter Kinder eines Morgens aufwachen und sich sagen: So, jetzt haben wir es geschafft. Aber irgendwann haben viele von ihnen keine Zweifel mehr: *Auf die Behinderung kann ich immer noch stinkwütend sein. Aber mein Kind habe ich angenommen.* Die Frage, die am Anfang stand, als alles so aussichtslos schien, ist beantwortet – positiv. Es kamen Kräfte, von denen sie keine Ahnung hatten – durch das Zusammensein mit dem Kind und nachdem die Eltern der Konfrontation mit der Behinderung nicht mehr ausgewichen sind. *Als ich nach dem Unfall zum erstenmal die Behinderungen richtig erkannte, dachte ich: Was fange ich mit diesem Kind an? Und dann mußte ich meinen Sohn zum erstenmal waschen und füttern, und ich dachte: O Gott ... Aber dann bin ich da hineingewachsen. Der Therapeutin verdanke ich viel. Sie hat uns beide wieder miteinander bekannt gemacht. Sie hat mir geholfen, meinen Sohn wieder kennenzulernen und anzunehmen.* Zu dieser Annahme gehört auch, die Fotos aus der Zeit vor dem Unfall ansehen zu können, als der Sohn noch laufen konnte und sprechen und ein aufgeweckter Junge war. Zu wissen, das ist für immer vorbei und nicht mehr zu weinen. Und zu sagen: *Die Erwartungen werden niedriger und die Hoffnung flacht ab. Aber ich habe sie immer noch. Denn es gibt immer wieder Fortschritte. Ich habe gelernt, kleine Schritte zu machen. Einen nach dem andern.*

Mütter:
Ich bin auch noch da

Wenn die ersten Schritte auf dem Weg des Abschiednehmens von vielen Hoffnungen und Lebensplänen eingeschlagen sind und die Eltern ihr Leben mit ihrem behinderten Kind immer mehr als ein normales Miteinander empfinden, ist keineswegs das Ende aller Schwierigkeiten gekommen. Zwar ist die «behinderte Familie» anders als der Durchschnitt. Jedoch auch sie wird ständig konfrontiert mit alltäglichen Problemen, wie sie jede normale Familie verunsichert. Vor allem die üblichen Spannungen zwischen Eltern und Kindern müssen in der «behinderten Familie» unter extremen Bedingungen ausgetragen werden. Ratgeber für die richtige Erziehung füllen Bibliotheken. Welchen Prinzipien aber soll man bei einem Kind folgen, das so benachteiligt und so hilflos ist? Wie soll man Distanz aufbringen, wenn durch die Behinderung eine besonders intensive Bindung entstanden ist?

Was die Eltern in allen Gesprächen offen und selbstkritisch diskutierten, ist die übergroße Verwöhnung behinderter Kinder. Sie entwickeln eine Fürsorglichkeit, die vor allem auf seiten der Mütter bis zur totalen Aufopferung gehen kann. Solange die eigenen Ängste und die Ängste um das Kind alles andere nebensächlich machen und die Eltern nicht wissen, ob sie mit der Situation überhaupt fertig werden, ist dieses Thema noch tabu. Aber nach sechs, sieben Jahren ist man bereit, Fehler einzugestehen: *Wir können ruhig zugeben, daß wir oft überbetulich sind und daß wir dadurch unsere Kinder einengen. Am Anfang können wir nie nein sagen. Dann fordern sie von uns, was sie eigentlich gar nicht brauchen oder selber tun können. Und dann hart zu bleiben, ist schwer.*

Wie vielen Eltern fällt es leicht, ihr gesundes Kind loszulassen und es freizugeben für Risiken und eigene Verantwortung? Um so schwerer muß es Eltern fallen, die wissen, daß ihr Kind den Anforderungen einer brutalen Ellenbogen-Mentalität nie gewachsen sein wird und ständig einen Menschen zur Seite braucht. Eltern sein bedeutet für sie, daß der Lebenszyklus nicht normal abläuft.: *Man muß sie loslassen wie andere Kinder auch. Aber es ist so schwer, da eine normale Abnabelung nicht stattfindet.* Trotz der Fortschritte, die das gegenseitige Angebundensein von Eltern und ihrem behinderten Kind mit der Zeit lockern und beiden Seiten mehr Freiheit und Unabhängigkeit bringen, werden die Eltern in vielen Fällen nie aus ihrer Verantwortung entlassen, können die erwachsenen Kinder niemals ein selbständiges Leben führen.

Nicht nur Bequemlichkeit oder überzogene Elternliebe ist der Grund von Verwöhnung. Hilfe anzubieten ist eine sehr menschliche Reaktion, zumal wenn jemand sie so offensichtlich braucht: *Wir klammern uns an unsere Kinder und verwöhnen sie, weil sie so hilflos sind. Sie können nicht sagen, was ihnen fehlt. Wir müssen erraten, ob sie Hunger oder Durst haben. Sie sind viel anfälliger gegenüber Krankheiten, sie können sich nicht selber schützen.* Der Wunsch, einem anderen, der sich quält, das Leben zu erleichtern und Schwierigkeiten schnell aus dem Weg zu räumen, ist verständlich. Und wie vieles, das anderen ohne Mühen und Nachdenken in den Schoß fällt, ist für behinderte Kinder eine quälende Anstrengung! Sie selbst und ihre Eltern müssen viele frustrierende Erfahrungen hinter sich bringen, bevor sich ein Erfolg einstellt. Alle müssen lernen, viel Geduld zu haben. Ist es allerdings nach monatelangem Üben geschafft, ist die Freude um so größer.

Ein behindertes Kind macht deutlich, aus wie vielen

kleinen, nicht beachteten Handgriffen sich unsere Unabhängigkeit zusammensetzt. Sich den Mantel zuknöpfen zu können, was bedeutet das schon? Sehr viel, wenn man es nicht kann und draußen ein eisiger Wind fegt. Ohne Hilfe essen zu können gehört zu den wesentlichen Unabhängigkeiten von Behinderten und deshalb zu den großen und wichtigen Fortschritten, denen oft jahrelanges Training vorausgeht. Es ist für einen Menschen, der es selber nicht erlebt hat, kaum vorstellbar, was es bedeutet, gefüttert zu werden – ein Leben lang. Es ist kaum zu ermessen, wieviel Mühe es einem Kind macht, dessen Motorik gestört, dessen Hand verspannt ist, eine Tasse zum Mund zu führen und zu trinken oder wenigstens mit dem Löffel essen zu können. Auch wenn es – gemessen an unseren Eßgewohnheiten – wenig ästhetisch aussieht.

Es braucht Zeit, solches «abweichende» Verhalten als selbstverständlich zu akzeptieren, und das bedeutet, nicht mehr als «auffällig» wahrzunehmen. An den Anblick eines Menschen, der seine Spucke nicht im Mund halten kann, muß man sich erst gewöhnen. Es ist ehrlicher, solche Anpassungsprozesse zuzugeben, statt das erste Erschrecken durch eine geheuchelte Harmonie zu verdrängen und deshalb nie zu einem unverkrampften Verhältnis zu Behinderten zu kommen. Wer solche Anblicke aushält, wer darüber nachdenkt, warum ein Mensch andere, ungewohnte Bewegungen macht und wieviel es für ihn bedeutet, auf diese Weise von anderen unabhängig zu sein, der denkt nicht mehr «Mein Gott, wie das aussieht», sondern «Toll, wie der das schafft».

Konsequent sein heißt ein eherner Grundsatz jeder Erziehung. Welche Eltern halten ihn durch? Wer sich vom allerersten ungewohnten Anblick eines Down-Kindes nicht irritieren läßt, merkt auch als Außenstehender sehr bald, wie schnell man von diesen Kindern um den Finger gewickelt wird. Typischer Stoßseufzer der Eltern eines Down-Kindes: *Sie sind so charmant! Auch wenn man energisch gesagt hat: »Das darfst du wirklich nicht mehr tun», schaffen sie es, einen wieder rumzukriegen.* Viel schmerzlicher ist es für Eltern zu lernen, daß sie konsequent sein und an ihr behindertes Kind Anforderungen stellen müssen, obwohl es beiden weh tut: *Man schiebt Behinderung und Hilflosigkeit vor und meint, daß ein Behinderter besonders lieb und nachgiebig behandelt werden muß. Das ist nicht gut.*

«Einschlafen» und «Schlafen» gehören zu den Dingen des Alltags, bei denen es besonders schwerfällt, hart zu sein, und wo – nach der Aussage einer Mutter – von Eltern behinderter Kinder besonders viel gesündigt wird. Weil die Angst der Eltern, ihr Kind zu überfordern, alle anderen Einsichten überlagert und ihre emotionale Bindung so eng ist, kann der Rat eines außenstehenden Experten oder eines Freundes wichtig sein, um Eltern Mut zu machen, Veränderungen zu wagen und Durststrecken durchzuhalten. *Es war für uns ein langer Weg zum problemlosen Schlafen. Wir wollten zuerst nicht wahrhaben, daß es eine Erziehungssache war. Bis uns Freunde sagten: «Ihr müßt etwas tun.» Unsere Tochter wollte einfach nicht allein einschlafen, und wir brachten Hau-ruck-Methoden einfach nicht übers Herz. In der ersten Woche, als wir konsequent waren und nicht mehr in ihr Zimmer gingen, sind wir jeden Abend um den Block gegangen, weil wir ihr Schreien nicht ertragen konnten. Es gab schlimme Wochen, Machtkämpfe und immer wieder Rückfälle. Aber irgendwann hatte sie sich daran gewöhnt, allein einzuschlafen.*

Das anfängliche schlechte Gewissen und die Unsicherheit der Eltern verschwanden, als sie erkannten: Die Konsequenz gegenüber ihrer Tochter hatte beiden genützt. Beide gewannen auf diese Weise ein gar nicht so kleines Stück Unabhängigkeit. Ihre Tochter lernte – allein auf sich angewiesen – beim selbständigen Einschlafen nebenbei noch andere wichtige Dinge: *Früher mußte man ihr Spielzeug, das sie auf den Schoß fallen ließ, ständig wieder in die*

Hand drücken. Im Bett lernte sie, ihr Spielzeug – das sie zum Einschlafen mitbekam – im Dunkeln zu ertasten, denn es war keiner da, der ihr half, wenn es verrutschte. Und da es manchmal unter ihren Körper rutschte, lernte sie sogar, ohne Hilfe ihren Körper hochzuheben und dort zu suchen. Keine Kleinigkeit für ein schwer spastisch behindertes Mädchen, das nicht laufen kann und ständig im Rollstuhl sitzt. Fazit der Mutter: *Sie wurde selbständiger, wenn wir hart waren.*

Eltern behinderter Kinder müssen es stets von neuem ausprobieren: die Balance zu finden zwischen emotionaler Spontaneität und einem festen Rahmen, der für ein behindertes Kind besonders wichtig ist. Wer seelisch nicht sehr belastbar ist, und wer sich auf Grund von Sinnesschädigungen eine fremde Umwelt erst vorsichtig ertasten muß, braucht Sicherheiten und immer wiederkehrende Rituale, auf die er sich verlassen kann. Stimmungen und Ausnahmen können einem behinderten Kind oft nicht verständlich gemacht werden. Sie bedeuten Verunsicherung. Deshalb ist von den Eltern dieser Kinder sehr viel mehr Disziplin gefordert als unter normalen Umständen.

Das Leben mit ihrem behinderten Kind bringt für die Eltern Veränderungen und Verzichte, die unumgänglich sind. Doch die Gefahr besteht, daß sie nur noch an die Bedürfnisse ihres Kindes denken und die eigenen völlig verdrängen. Sie haben die schwierige Aufgabe, innerhalb fester Ordnungen bei ihrem Kind eigene Entwicklungen und spontane Reaktionen zu fördern und ihm gleichzeitig beizubringen, die Bedürfnisse der Eltern zu akzeptieren.

Auch ein behindertes Kind erkennt die Schwächen seiner Eltern und nutzt sie aus. Es tyrannisiert die Familie und bleibt in einem Kleinkind-Verhalten stecken, obwohl es erwachsener werden könnte. Und die Nachgiebigkeit der Eltern fördert diese Haltung: *Mir ist durch Gespräche mit einer Psychologin klargeworden, daß ich meine*

Tochter hindere, sich weiter zu entwickeln. Sie kann nicht selbständig sein, weil ich nicht nein sagen kann. Man hat mir die Augen geöffnet. In wenigen Jahren bestimmt sie alles, und ich habe zu kuschen. Schon jetzt wird am Wochenende nur gemacht, was sie will. Ob ich müde bin, interessiert sie überhaupt nicht. Es ist dieser Mutter schwergefallen, aber dann hat es ihr der Erfolg leichter gemacht: *Ich habe mir einen anderen Ton angewöhnt. Auch wenn sie mault oder das Gesicht verzieht, gebe ich jetzt nicht nach. Und es hilft.*

Doch es ist unendlich schwer, gegenüber einem behinderten Kind hart zu bleiben, mögen die Psychologen noch so gute und richtige Gründe dafür angeben: *Die ersten vier Wochen, als meine Tochter in die beschützende Werkstatt ging, waren schrecklich. Sie wollte einfach nicht. Kaum habe ich sie morgens nicht im Auge gehabt, hat sie sich die Knöpfe vom Kleid gerissen, die Windel weggezogen. Wenn der Bus kam, um sie abzuholen, war ich in Schweiß gebadet. Heute freut sie sich, wenn die Ferien vorbei sind und sie wieder jeden Tag hinfahren kann.* Es gehört nicht nur physische Kraft dazu, ein kleines Kind, das herzerweichend schreit, weil es mitten in der Nacht lieber aufstehen und spielen möchte und dem man nichts erklären kann, weil es gehörlos ist, im Bett zu halten, damit es sich daran gewöhnt, daß es einen Unterschied zwischen Tag und Nacht gibt und man nachts ins Bett gehört.

Verwöhnung wird auch durch eine veständnislose Umwelt provoziert: *Früher, wenn meine Tochter draußen spielte und ich sah, daß sie nicht so mitkam, habe ich sie reingeholt, und wir haben beide geheult. Oder ich bin sogar zu den Kindern gegangen und habe ihnen eine gelangt. Heute weiß ich, daß das ganz falsch ist. Am Ende steht die Einsicht: Langsam komme ich dahinter, meinen Sohn möglichst normal zu erziehen, wie ein gesundes Kind. Ich tue ihm keinen Gefallen, wenn ich nur um ihn herum bin. Er ist so auf mich bezogen. Auch mir kann mal was passieren. Er muß sich an andere gewöhnen. Aber einfach ist es nicht.*

Besonders unsicher sind Eltern, wenn ihr Kind in seiner geistigen Entwicklung sehr zurückgeblieben ist: *Am Anfang habe ich gedacht: Versteht sie mich überhaupt? Man muß es einfach ausprobieren. Ich behandele meine Tochter jetzt ganz normal. Und sie merkt sehr genau, wenn ich schimpfe oder böse bin.* Auch ohne die gleiche geistige Entwicklung, auch ohne Sprache ist die Möglichkeit zwischen Menschen, sich zu verständigen, erstaunlich differenziert. Wenn man geduldig beobachtet und die anerzogenen Vorstellungen von Kommunikation beiseite läßt, lernt man eine neue Sprache, die sich aus Augenzwinkern, Handbewegungen, gurrenden Lauten und vielen anderen Symbolen zusammensetzt. Es ist immer die gleiche Entdeckung: Beschränkungen und Grenzen bringen neue Erfahrungen und Fähigkeiten hervor, wenn man sich auf sie einläßt.

Es können tiefsitzende Ängste sein, die Eltern daran hindern, sich selbst auf solche Veränderungen einzulassen und ihrem behinderten Kind den Weg zur Selbständigkeit zu erleichtern. Bei einem Menschen, der sich nicht durch die Sprache mitteilen kann, sind körperliche Nähe und Berührungen der wichtigste Teil der Kommunikation. Sie sind – außer dem Gesicht bei Sehenden – das einzige Mittel, um Emotionen zu zeigen und weiterzugeben. Eltern, die sich trotz aller Belastung vom ständigen Füttern und Anziehen ihrer Kinder nicht trennen können und jede Nacht zum Einschlafen zu ihnen ins Bett gehen, selbst wenn die Kinder groß geworden sind, fürchten unbewußt, daß mit dem Ende dieser hautnahen Hilfen der Kontakt zu ihren Kindern abnimmt. Dann wird möglicherweise Hilfe zu dem hilflosen Versuch, damit andere Formen der Zärtlichkeit zu ersetzen. Ein gesundes Kind, das erwachsen wird, kann sich gegen solche Überbehütung wehren. Ein behindertes in den meisten Fällen nicht.

Verwöhnung in ihrer extremsten Form kann als Aufopferung zum geheimen Machtmittel werden und ein behindertes Kind auch zum Vorwand, selber kein eigenes Leben zu wagen. Besonders Frauen sind anfällig für diese Versuchung. Kein Wunder: hat man ihnen doch durch die Jahrhunderte gepredigt, daß sie ihre weibliche Erfüllung finden, wenn sie für andere da sind und keine eigenen Wünsche anmelden: *Ich habe einen Hang zum Aufopfern. Aus Rücksicht auf die Behinderung habe ich meinem Sohn alles gewährt. Heute weiß ich, daß ich persönliche Bedürfnisse nicht aufgeben darf. Mein Mann hat das eher erkannt. Jetzt muß ich meinem sechsjährigen Sohn beibringen, daß seine Mutter nicht immer für ihn Zeit hat. Und ich muß es auch lernen. Aber man schafft es.*

Die Erwartungen der Therapeuten, der eigene Ehrgeiz, Fortschritte zu erzwingen, der Wunsch, alles für das Kind zu tun und die Vorstellungen von der Mutterrolle – alles zusammen bildet einen Berg von Ansprüchen, vor dem sich die Mutter nur noch in pausenlose Beschäftigung mit ihrem behinderten Kind flüchten kann: *Ich habe tagsüber nicht mehr abgewaschen, keine Wäsche mehr gemacht. Ich habe immer nur mit meinem Kind gespielt und geturnt und alle Arbeiten abends erledigt. Ich hätte sonst ein schlechtes Gewissen gehabt, nicht genug zu tun. Bis mein Mann sagte: «So geht es nicht mehr weiter.» Als meine Tochter dann in den Kindergarten kam, lief es noch besser.* Kritischer Kommentar einer Mutter: *Manche Frauen brauchen es, sich aufzuopfern, weil sie kein eigenes Leben haben.* Es sind vor allem Mütter, die ohne Kontakt zu anderen Eltern ihr behindertes Kind großziehen. Sie erleben nicht, daß es auch anders geht und können sich deshalb nicht vorstellen, daß ihr Kind nicht darunter leidet und sie keine Rabenmütter sind, wenn sie Zeit für sich selber in Anspruch nehmen.

Doch die Emanzipation der Frauen aus traditionellen Rollen und Zwängen ist gerade an den Müttern behinderter Kinder nicht spurlos vorübergegangen. Als überall die alten Frauenbilder ins Wanken gerieten, bekamen auch sie Mut, aus vorgegebenen Grenzen auszubrechen. Sie sind nicht mehr bereit, das Klischee von der mütterlichen Selbstverleugnung auszufüllen. Sie sehen nicht länger ein, daß die Liebe zu ihrem behinderten Kind automatisch alle eigenen Wünsche ersticken muß. Sie haben erkannt, daß ihr totaler Verzicht die Familie nicht glücklicher macht, sondern unterschwellige Aggressionen und möglicherweise ihren eigenen physischen und psychischen Zusammenbruch fördert. Sie wagen es, «egoistisch» zu sein und der Umwelt nicht länger vorzuspielen, daß ihre Kräfte unbegrenzt seien. Allerdings vergehen Jahre, in denen sie für sich nichts verlangen, bevor sie ihre Wünsche vor sich selbst und dann vor den anderen anmelden: *Heute sehe ich das realistischer. Ich weiß, daß man nichts davon hat, wenn man zehn Jahre die eigene Kraft immer nur reinbringt. Irgendwann kann man nicht mehr. Ich brauche auch etwas für mich, um auftanken zu können.*

Eine ältere Frau, die 39 Jahre lang Tag und Nacht für ihren behinderten Sohn da war, bevor sie sich entschloß, ihn in einer Wohngruppe leben zu lassen, sagt in einer Müttergruppe: *Opfert euch bloß nicht auf. Man braucht auch Zeit für sich. Ich beneide Frauen von heute.* Manchmal sind es sogar die Experten, die den Frauen ein schlechtes Gewissen machen, statt ihr Selbstbewußtsein zu stärken: *Unser Sohn zeigte stark autistische Züge, weshalb wir eine Familientherapie begannen. Ich wurde in den Therapiestunden völlig fertig gemacht. Man warf mir vor, bei meinem Kind das Unheil angerichtet zu haben, weil ich berufstätig sei und eine gefühlskalte Mutter. Ich war der Sündenbock. Eines Tages bin ich mitten in einer Therapiestunde aufgestanden, habe wütend die Tür hinter mir zugeknallt und bin nie mehr wiedergekommen.*

Selbst Mütter, die überhaupt keine Probleme hatten, ihr behindertes Kind anzunehmen, werden sofort vom schlechten Gewissen geplagt, wenn sie nicht mehr rund um die Uhr für ihr Kind da sein wollen. Viele schaffen es nicht, diese Hürde zu überwinden. Sie resignieren. Anderen gelingt es, wenn der Leidensdruck stark genug ist, zu seinen eigenen Bedürfnissen zu stehen: *Ich war fix und fertig. Ich konnte nicht mehr lachen. Bis ich mir eines Tages sagte: Ich will mich nicht mehr den ganzen Tag nur um dieses Kind kümmern. Ich bin auch noch da. Bin ich denn verrückt? Alle wollen etwas von mir. Ich kann mir nirgendwo Kraft herholen.* Diese Mutter hat noch am gleichen Tag ihren alten Arbeitsgeber angerufen und ihm gesagt, daß sie wieder arbeiten möchte. Und es klappte. Sie bekam Aufträge, die sie zum großen Teil zu Hause erledigen kann. Muß sie auf ein paar Tage verreisen, springt die Großmutter ein. Der Wunsch, nicht nur an Haus und Kinder gebunden zu sein, ist oft noch stärker als bei vielen Hausfrauen mit nicht behinderten Kindern: *Ich mußte einfach raus, oder ich wäre eingegangen. Jetzt bin ich zwei Tage berufstätig. Ich komme mit Menschen zusammen, ich lerne einen anderen Kreis kennen und werde nicht ständig mit der Behinderung konfrontiert. Ich fühle mich viel wohler. Früher habe ich zu Hause geputzt und dann gewartet, daß meine Tochter nach Hause kam.* Die positiven Stimmen sind immer gleich: *Es ist für mich wie eine Erholung und macht alles leichter.*

Für die meisten Mütter mit behinderten Kindern sieht die Realität anders aus. Es gibt viel zu wenig Teilzeitarbeit. Im Zeichen der Arbeitslosigkeit bekommen die Männer den Vorrang bei der Arbeitssuche. Für Frauen gilt ohnehin: Zurück an den Herd. Da sind die Frauen mit einem behinderten Kind viel zu eingeschüchtert, um die gleichen Rechte anzumelden wie andere Frauen: *Berufstätigkeit? Das sind Wunschträume. Ich wäre es gerne, aber ich bin schon viel zu lange raus. Außerdem ist mein Kind oft krank, und das kann ich keinem Arbeitgeber zumuten.*

Die abwertende Haltung der anderen gegenüber «behinderten Familien» zieht sich wie ein roter Faden durch das Leben der Eltern. Wer nicht so ist wie der Durchschnitt, wer immer nur auffällt – ob als Farbiger unter Weißen oder als Behinderter unter lauter «Normalen» –

braucht viel Selbstbewußtsein, um sich nicht doppelt anzupassen. Er glaubt, besser sein zu müssen als alle andern, keine Fehler machen zu dürfen, um nicht aufzufallen. Viele Eltern kommen nicht los von dem Gefühl, nur geduldet zu werden, weil sie selber – durch ihr Kind, das sie lieben – behindert geworden sind – in den Augen der Welt und in ihren eigenen.

Einer Zerreißprobe sind nicht selten jene Frauen ausgesetzt, die keine Alternative haben und trotz ihres behinderten Kindes einem Beruf nachgehen müssen, weil sie allein leben. Rücksicht fordern die meisten von ihnen nicht, aus Angst, als Drückeberger zu gelten und den lebenswichtigen Arbeitsplatz in Gefahr zu bringen. Trotzdem bewahrheitet sich an ihnen, was die nicht berufstätige Mutter dunkel ahnt: Sie müssen besser sein als der Durchschnitt. Statt die Probleme, die ein behindertes Kind mit sich bringt, ein wenig mitzutragen, nutzen die Kollegen sie, um die Mutter noch zusätzlich zu belasten: *Ich muß in meinem Beruf super sein. Man hat mir hinterbracht, daß gesagt wurde: Der können wir keine besonderen Aufgaben mehr geben, die ist ja nicht mehr belastbar, weil sie ein krankes Kind hat.* Die Mutter empfindet dies mit Recht als Zynismus in einer Situation, wo bei jedem Arbeitsplatz überlegt wird, ob er wegrationalisiert werden kann: *Menschen, die keine besonderen Belastungen haben, gelten als belastbar. Wer viel aushält, dem wird die Fähigkeit dazu abgesprochen.* Als es um die mögliche Einsparung von Arbeitsplätzen ging, mußte die alleinstehende Mutter hören, daß sie doch eher gehen könne als ein Familienvater. Niemand dachte daran, wieviel schwerer es ist, für ein behindertes Kind ein neues, gutes Heim zu finden, als mit nichtbehinderten Kindern die Schule zu wechseln.

Die Traurigkeit über die Beschränkungen, mit denen ihr Kind leben muß, die alle Eltern von Zeit zu Zeit durchmachen, darf sich eine allein lebende, berufstätige Mutter mit behindertem Kind nicht leisten: *Manchmal kommt es ganz plötzlich wieder. Eine Kleinigkeit genügt. Dann bin ich hellwach und könnte die ganze Nacht grübeln. Doch ich muß morgens fit sein für meinen Beruf. Heute nehme ich deshalb in solchen Fällen eine Tablette.* Das schlechte Gewissen, die Schuldgefühle der berufstätigen Mütter sind nicht grundlos. Werden doch schon die Mütter nicht behinderter Familien mit dem Etikett versehen, ihre Familien zu vernachlässigen.

Alle Eltern behinderter Kinder fragen sich, ob sie ihr Kind optimal fördern. Es macht sie traurig, aus beruflichen Gründen nicht in eine Stadt ziehen zu können, wo es bessere Einrichtungen für ihr Kind gibt. Oder sie zermartern sich den Kopf, ob sie es doch tun sollen und damit nicht nur auf Karriere, sondern auch auf den gewohnten und wichtigen Lebenskreis verzichten sollen; auf Menschen und Dinge, die ihnen lieb sind. Die Eltern müssen lernen, nicht nur die Behinderungen des Kindes, sondern auch die Grenzen der eigenen Hilfsmöglichkeiten anzuerkennen. Sie müssen es aushalten, daß es keine ideale Lösung gibt: *Ich habe mich für mein Kind entschieden, das schwer behindert ist. Aber ich bin auch noch da. Ich muß mir eingestehen, daß ich nicht mehr tun kann. So leid es mir für mein Kind tut.* Neben allen Fortschritten und Freuden kommen auch solche Einsichten immer wieder. Die ideale Lösung ist für alle Menschen die Ausnahme. Aber diese banale Erfahrung ist für Eltern behinderter Kinder besonders schmerzlich. Es ist gut, sie nicht zu verdrängen und in solchen Augenblicken keine Angst vor Tränen zu haben.

Wer keine Chance hat, berufstätig zu werden, muß deshalb nicht resignieren. Es gibt andere Möglichkeiten, der Selbstaufopferung zu entgehen. Eine Mutter mit zwei behinderten Töchtern erzählt: *Meine erste Trotzreaktion nach einem Jahr: ich habe angefangen, Englisch zu lernen. Ich wollte raus aus der Sache und etwas tun, das nichts mit Therapie zu tun hatte. Es war mein erster Schritt zurück ins normale Leben.* Der Wunsch, rauszukommen, einmal nicht nur an Behinderung denken zu müssen, steckt auch hinter der Weigerung einer Mutter, sämtliche freie Zeit mit dem Engagement für Behinderten-Vereine auszufüllen: *Ich arbeite nicht ständig im Spastiker-Verein mit, weil ich ein Stückchen ganz normales Leben behalten will. Ich will nicht in der Behinderten-Problematik untergehen. Wenn man sich nur damit beschäftigt, verengt sich der Blickwinkel.* Eltern, die ausreichend Kontakte zur Welt der Nichtbehinderten haben, empfinden diese Institutionen oft als Inseln, wo man sich abkapselt und nicht über den Tellerrand sieht: *Schrecklich, diese Nachmittage oder Ausflüge, wo nur über Behinderung gesprochen wird.*

Auch Urlaub mit anderen «behinderten Familien» in eigens dafür errichteten Heimen ist nicht jedermanns Sache: *Da hat man es zwar äußerlich leichter, aber ich will keine Ferien in einem Heim für Eltern mit behinderten Kindern machen. Ich brauche die Normalität eines Hotels oder einer Ferienwohnung. Auch wenn es ein paar Tage dauert, bis ich Kontakt zu anderen gefunden habe. Das nehme ich gerne in Kauf.*

Wie andere Frauen auch befinden sich die Mütter behinderter Kinder, die zusammen mit ihren Kindern wieder Spaß am Leben gefunden haben, in einem Dilemma. Auf der einen Seite gilt: *Es war nicht leicht, es zu schaffen. Aber ich bin dadurch ein ganzes Stück selbstbewußter geworden.* Sie haben Kräfte gewonnen, und sie können ohne Übertreibung von sich sagen, stark zu sein. Doch verschwinden wird die Narbe nie. Unter noch so vielen Schichten von Selbstbewußtsein bleibt die Verletzlichkeit. Doch nun glaubt ihnen das keiner mehr. Es paßt nicht zu diesem neuen Bild der patenten Mutter, die mit allen Problemen fertig wird und darüber hinaus sich selbst auch nicht vergißt. Die «neuen Mütter» behinderter Kinder stehen in der gleichen Gefahr wie alle, die etwas gut machen und deshalb von anderen bewundert werden: Keine Schwächen mehr zeigen zu dürfen, weder vor sich noch vor anderen.

Väter: Wir sind freier geworden, über uns zu reden

Der Schock, ein behindertes Kind zu haben, trifft den Vater und die Mutter gleichermaßen. Es wäre ungerecht, hier Bewertungen vorzunehmen. Problematisch ist es auch, abwägen zu wollen, welcher Elternteil in der Regel mit diesem Schock besser fertig wird. Es gibt Frauen, die daran psychisch zerbrechen oder eine so gestörte Beziehung zu ihrem behinderten Kind haben, daß sie es nicht umarmen können. Es gibt Väter, die ihre Lebenspläne umstellen, damit die Familie zusammenbleibt oder das behinderte Kind alle Chancen für eine gute Entwicklung bekommt.

Trotzdem läßt sich bei aller Vorsicht sagen, daß auch für die behinderte Familie die traditionelle Rollenaufteilung gilt: Die Mutter ist vor allem für das Kind zuständig. Der Vater schuftet für das finanzielle Wohl, stürzt sich geradezu in die Arbeit. Er übernimmt den organisatorischen Teil, streitet mit Krankenkassen und Behörden. Keine leichte, keine unwichtige Arbeit. Er ist meist die treibende Kraft, wenn ein Prozeß gegen Ärzte angestrengt wird, die für die Behinderung verantwortlich sind (mehr darüber in einem späteren Kapitel). Auch das erfordert Kraft und Engagement.

Doch die Versuchung ist groß, daß alle diese Aktivitäten zur Flucht vor dem konkreten Leben mit dem behinderten Kind werden. Daß die Mütter die emotionalen Belastungen allein tragen müssen. Fragt man Eltern behinderter Kinder, so fällt allen nach wenigem Nachdenken eine Familie ein, «wo der Vater nicht mitzieht».

Es ist keine Neuigkeit, daß Männer es schwerer haben, über sich und ihre Gefühle zu reden. Die meisten lächeln allenfalls über die Frauengruppen und ihr «Weibergeschwätz» und geben kund, daß sie solche Stunden nicht brauchen, in denen man sich buchstäblich ausweinen kann. Erfahrung einer Mutter, die eine Elterngruppe organisierte, aus der schnell eine Müttergruppe wurde: *Männer haben es wesentlich schwerer, über die Behinderung zu reden. Frauen packen es schneller, ihre Probleme loszuwerden. Die Männer saßen an den ersten Abenden da, tranken ihren Kaffee, hörten zu. Aber es kam nichts von ihnen.*

Aus einer anderen Müttergruppe: *Bei uns führten am Anfang die Männer das große Wort. Die Ehefrauen saßen stumm und eingeschüchtert daneben. Deshalb haben wir schließlich beschlossen, unter uns zu bleiben und ohne die Väter zusammenzukommen.* Denn wenn eine Frau mal wagte, ihrem Mann vor den anderen zu widersprechen, gab es hinterher zu Hause Konflikte. Typische Antwort eines Vaters auf die Frage, ob er nicht mal mit anderen reden möchte: *Ich kann mir nicht vorstellen, daß sich andere für meine Probleme interessieren. Und ich will meine auch nicht woanders ablegen.* Der gleiche Vater war ehrlich genug, im Abstand von vielen Jahren zuzugeben, daß in der ersten Zeit nach dem Unfall seines Sohnes seine Frau ganz allein mit der Katastrophe, die ihr Leben veränderte, fertig werden mußte: *Ich habe mich geweigert, auf die Intensivstation zu gehen und habe meinen Sohn die ersten Monate nicht im Krankenhaus besucht.* Heute springt er jedem ins Gesicht, der ihn fragt, warum er seinen schwer behinderten Jungen nicht ins Heim bringt.

Es gibt Eheleute, die nachts grübelnd im Bett nebeneinander liegen und es nicht schaffen, die Barriere der Hilflosigkeit und Sprachlosigkeit zu überwinden. Nicht nur, weil die Verzweiflung so groß ist und sie es nicht gelernt haben, über ihre Gefühle zu reden. Männer haben es besonders schwer, weil viele noch nach der Devise großgezogen wurden, nicht zu weinen, egal was passiert. Deshalb trauen sie sich als Erwachsene nicht, ihre Verletzlichkeit und Verzweiflung zu zeigen und dem Partner anzuvertrauen, wie ihnen zumute ist.

Nicht jeder schafft es, wenigstens äußerlich mit der Verdrängung von Gefühlen und Problemen fertig zu werden. Wie andere Krisen auch, kann die Existenz eines behinderten Kindes Väter zur Flasche greifen lassen, um aus dem Elend der Gegenwart zu flüchten. Andere zwängen sich und ihre Familie in das Korsett traditioneller Arbeitsteilung: *Mein Mann sagt mir: Du bist den ganzen Tag zu Hause, also ist das dein Problem. Sieh zu, wie du damit fertig wirst ... Belaste mich abends nicht mehr damit. Ich muß abschalten.* Der gleiche Ehemann war schockiert, als seine Frau die vierzehnjährige schwer behinderte Tochter, die sie nicht mehr heben kann, für ein Wohnheim anmelden wollte: *Mein Mann kümmert sich nicht um unsere Tochter, ist aber grundsätzlich dagegen. Ich kann einfach nicht mehr und habe sie jetzt ohne seine Zustimmung auf die Warteliste setzen lassen.*

Nicht wenige Väter verschweigen an ihrem Arbeitsplatz, daß sie ein behindertes Kind haben. Eine Mutter erzählt: *Mit anderen Kindern hat mein Mann gespielt und jeden Kinderwagen geschoben. Nur nicht bei seiner behinderten Tochter. Wenn wir ins Krankenhaus mußten, ist er nie mitgekommen.* Auch die Väter, so realistisch sie sich geben, wollen den Glauben an medizinische Wunder nicht aufgeben. Um so heftiger ist dann der Zusammenstoß mit der Realität: *Als unser Sohn vierzehn Jahre alt war, erfuhren wir endgültig, daß an seiner Behinderung nichts mehr zu ändern war. Seitdem hat mein Mann sich zurückgezogen. Wir haben nichts mehr gemeinsam unternommen.* Es sind die Männer, die in der Vergangenheit vor allem auf Erfolge und Leistungen gedrillt wurden. Sie haben gelernt, daß es für jedes Problem eine Lösung geben muß. Zum Ideal der Stärke, das ihnen gepredigt worden ist, passen Grenzen und Behinderungen nicht. Sie haben keinen Platz im typisch männlichen

Weltbild. Sie sind eine Schande. Wer solche Vorstellungen vom Leben hat, dem wird es doppelt schwer, Verzweiflung und Trauer zuzulassen und in einem nächsten Schritt Grenzen und Schwächen anzunehmen. Da zählt das vernichtende Urteil der Umwelt doppelt, und das eigene Fleisch und Blut wird außerhalb der Familie verheimlicht. Wer dieses Doppelspiel nicht aushält, macht sich davon: *Der Vater kümmert sich überhaupt nicht. Es trifft mich sehr, daß er sein Kind nicht sehen will.*

Wer sich auf das Doppelspiel einläßt und das behinderte Kind nicht wirklich annehmen kann, entwickelt Aggressionen gegen das Kind, die nur mit äußerster Disziplin unter Kontrolle gehalten werden können. Es kommen Schuldgefühle auf, die der Vater sich nicht eingesteht und auf die Mutter projiziert – oder umgekehrt. So entstehen Konflikte zwischen den Partnern, die nur äußerlich nichts mit der Behinderung zu tun haben.

Es ist keine ungewohnte Situation für Frauen, bei familiären Problemen alleinzustehen. Nur erfährt man als Teil einer «behinderten Familie» alle Arten von Belastungen und Konflikten in extremer Schärfe. *Mein Mann war sehr stolz auf unseren Sohn. Als sich herausstellte, daß er behindert war, hat er jedoch sofort die Schotten dicht gemacht und keine Gefühle mehr aufkommen lassen. Zwar hat er sich für mich entschieden. Aber unsere Beziehung stimmte nicht mehr. Er zog sich zurück, stürzte sich in die Arbeit. Ich hatte an ihm keine Stütze.* Es kommt Eifersucht auf, weil das behinderte Kind für die Frau im Mittelpunkt steht und alle ihre Kräfte beansprucht. Oft ist es am Anfang das Beste und erspart nächtliche Unruhe, wenn man das behinderte Kind mit ins eheliche Bett nimmt. Für den Mann allerdings ein Grund mehr, sich vernachlässigt zu fühlen. Bald folgt der Vorwurf: Ich bin wohl überhaupt nicht mehr da.

Die grenzenlose Fürsorge für das behinderte Kind in

den ersten Jahren ist keineswegs «Affenliebe», sondern notwendig. Nicht nur zum Überleben, sondern auch, um bei dem Kind eine Vertrauensbasis zu schaffen, ohne die alle Förderung und Therapien sinnlos bleiben. Trotzdem sehen Frauen im Rückblick selbstkritisch, daß die Versuchung naheliegt, das Kind gegen den Mann, der mit der Situation nicht fertig wird, auszuspielen: *Ich war ungerecht und habe meinen Mann mit dem Kind erpreßt. Wenn wir Streit hatten, bin ich sofort zu dem Jungen gegangen, der ein dankbares Opfer war. Ich wollte meinem Mann wehtun, weil er so tat, als könnte ihn das alles nicht treffen.* Erst viele Jahre später war es diesem Vater möglich, über seine Gefühle gegenüber seinem behinderten Kind zu sprechen. Der Auslöser für seine äußerliche Ablehnung war eine tiefe Verzweiflung, die er nicht auszusprechen wagte: *Ich konnte es nicht ertragen. Ich hätte nur schreien können, so weh tat es mir, wenn ich sah, wie er sich am Boden wälzte.* Am Ende war es die Frau, die eine schmerzliche Entscheidung traf: *Ich kann meinem Mann unser behindertes Kind nicht aufzwingen. Er muß es von sich aus tun, oder die ganze Familie geht kaputt. Deshalb habe ich meinen Sohn ins Heim gegeben, um mit meinem Mann neu anzufangen.*

Es gibt nicht wenige Frauen, die um die Erkenntnis nicht herum kommen: *Ich bin viel weiter. Er ist zurückgeblieben.* Natürlich entwickeln sich auch die Männer: *Wir haben es am Anfang beide nicht leicht gehabt. Mein Mann sagte oft: «Ich weiß nicht, was wird, wenn sie älter werden.» Heute steht er offen zu unseren behinderten Kindern.* Aber es war die Frau, die als erste den Mut fand, aus der Isolation auszubrechen: *Ich habe als erste wieder etwas unternommen. Nachdem ich meinem Mann immer wieder gesagt hatte: «Du mußt mal raus», hat er nach vier Jahren endlich ein Hobby außer Haus angefangen.* Wie so oft wird auch in «behinderten Familien» die Aktivität der Frauen den Männern unheimlich: *Mein Mann hat mitgezogen, aber nicht ganz so wie ich. Er fühlte sich eingezwängt. Für ihn mußte das Leben mit dem behinderten*

Kind irgendwann ein Ende haben. Heute leben wir getrennt. Ich bin zu aktiv geworden. Er kann nicht Schritt halten.

Besonders in Gemeinschaft mit anderen Frauen finden auch Mütter behinderter Kinder den Mut, aus traditionellen Mustern auszubrechen. Eine Mutter, die heute mit ihrem behinderten Kind allein lebt, erzählt: *Als die Schwierigkeiten zu groß wurden, ging ich zu einer Psychologin und in eine Gruppe von Müttern behinderter Kinder. Mein Mann, der sich bis dahin kaum um meine Tochter gekümmert hatte, sah nicht gerne, daß ich in die Gruppe ging. Er weigerte sich, über unsere Probleme zu reden. Unser Familienleben ging auseinander.* Eine andere allein lebende Mutter: *Viele Ehen mit einem behinderten Kind gehen kaputt. Die ersten zwei Jahre sind die schwersten.*

Aber diese Beziehungen wären vielleicht auch sonst nicht gutgegangen. Nur hat die Behinderung am Ende den Ausschlag gegeben. Wie viele Ehen sind schon stabil? Und so wird es wohl meistens sein: Eine Krise, die die Partner unter normalen Umständen überwunden hätten, läßt eine «behinderte Familie» auseinanderbrechen, weil sich in ihr alle Konflikte in extremer Schärfe stellen. Die Nerven sind durch die dauernde Anspannung dünn geworden. Das Kind braucht viel Zeit, die den Partnern fehlt, um gemeinsam an ihren Schwierigkeiten mit dem Kind und miteinander zu arbeiten.

Die allein lebenden Mütter erfahren nicht selten wegen ihres behinderten Kindes eine besondere Diskriminierung: *Es gab zwei Männer nach der Trennung. Doch die meinten, ich solle froh sein, daß ich noch jemanden gefunden hätte. Seitdem habe ich es aufgegeben, obwohl ich mir wünsche, daß mein Sohn in einer Familie aufwächst. Aber mit ihm habe ich keine Chance. Denn ich will ihn nicht verheimlichen. Für mich käme nur ein Mann in Frage, der auch mein behindertes Kind akzeptiert.* Es ist das Schwerste: Mit den seelischen Verletzungen ganz allein fertig zu werden.

Es gibt Väter, die sich ohne Vorbehalte für ihr behindertes Kind entscheiden. Es gibt Beziehungen, die in der Krise fester werden. Gemeinsam geweinte Tränen bringen die Partner einander näher. Es ist wesentlich leichter, das neue Leben gemeinsam zu lernen: *Wenn nicht beide das behinderte Kind mittragen, wird es sehr schwer.* Es gibt – wie überall – auch in «behinderten Familien» Männer, die bereit sind, ihr bisheriges Lebensmuster zu ändern: *Meiner Frau würde es schwerer fallen, ständig mit dem behinderten Kind umzugehen. Nicht nur, weil es physisch zu anstrengend ist. Aber es ist nicht leicht, sich als Mann umzustellen, seinen Beruf aufzugeben und Hausmann zu werden. Eigentlich bin ich gar kein Hausmann. Ich bin für meine schwer behinderte Tochter das Kindermädchen.*

Angesteckt von den Frauen sind inzwischen auch Männer bereit, sich gemeinsam den Problemen zu stellen und aus der Solidarität der Betroffenen Kraft zu holen. Ein Behindertenverband organisierte ein Wochenende für «behinderte Väter». Es meldeten sich mehr, als angenommen werden konnten. Und an manchen Orten haben sogar Väter Gruppen gebildet, während sich die Ehefrauen an einem anderen Wochentag zu ihrem Mütterabend treffen. Ein Vater gehört seit über drei Jahren dazu: *Wir basteln zusammen, und wir tauschen Informationen aus über Behörden und Ämter. Aber wir sind in der Gruppe auch freier geworden, über die Behinderung und unsere Gefühle zu reden. Da sagt schon mal jemand: «Ich habe die Nase voll.» Und wir können ihm antworten: «Das kennen wir auch. Das legt sich wieder.»*

Eine Frage, die beide Eltern betrifft und zur Quelle von Auseinandersetzungen werden kann: Sollen wir nach dem behinderten Kind noch Nachwuchs bekommen? Wenn die Ursache der Behinderung im dunkeln liegt, ist eine umfassende genetische Beratung wichtig, die vielleicht am Ende bei der Entscheidung hilft.

Liegt es an äußeren Ursachen wie Viruserkrankungen während der Schwangerschaft oder ärztlichen Fehlern, sind die Bedenken anderer Art. Die Mutter muß sich fragen, ob sie ihre Ängste vor Schwangerschaft und Geburt besiegen kann oder in Kauf nehmen will. In den Prozessen von Eltern behinderter Kinder um Schadensersatz und Rentenansprüche ist öffentlich geworden, welchen schrecklichen Erlebnissen Frauen, manchmal in Gegenwart ihrer Männer, im Kreißsaal ausgesetzt sind. Ärzte streiten sich vor der Gebärenden über die richtige Methode. Kinder werden mit brutaler Gewalt ans Licht der Welt gezogen, wo ein Kaiserschnitt der einzig richtige Weg wäre. Frauen werden stundenlang alleingelassen und sind hilflos einer technisierten Medizin ausgeliefert. Eine Mutter erlebt, wie Hektik im Kreißsaal ausbricht und das blau angelaufene Neugeborene künstlich beatmet wird. Das sind Traumata für ein ganzes Leben: *Mein Mann möchte noch Kinder. Aber nach dem, was ich bei der Geburt meiner Tochter durchgemacht habe, will ich nicht mehr.*

Wenn die Eltern trotz allem, was passiert ist, wieder soviel Vertrauen in das Leben und die Zukunft haben, daß sie eine weitere Schwangerschaft wagen, sind die ersten Monate wie ein Gang über dünnes Eis. Die Mutter schwankt zwischen der Freude über das zu erwartende Kind, und der Erfahrung, daß das Glück im Handumdrehen in die Katastrophe umschlagen kann. Der tröstliche Satz «Es wird schon gutgehen» hat für Eltern behinderter Kinder seine Glaubwürdigkeit verloren. In ihren Köpfen steckt eher die Umkehrung «Warum sollte es diesmal gutgehen?». Je mehr Zeit dann vergeht, je länger es tatsächlich gut geht, desto mehr weichen die nächtlichen Alpträume und wächst die Bereitschaft, sich entspannt und glücklich auf das freudige Ereignis einzulassen.

Andere Fragen, die den Eltern durch den Kopf gehen, bevor sie sich für ein weiteres Kind entscheiden: «Haben wir genug Kraft oder wäre es nicht besser, alles auf unser behindertes Kind zu konzentrieren? Welche Probleme kommen auf das behinderte Kind zu und welche auf das nichtbehinderte Geschwister?» Wo schon gesunde ältere Kinder in der Familie sind, stellen sich die Probleme von selber ein: *Ich habe mich plötzlich nicht mehr um den Älteren gekümmert. Er fing an, die Krämpfe, die er bei seinem jüngeren Bruder gesehen hat, nachzumachen, um so die gleiche Fürsorge zu erzwingen. Und ich hatte ein chronisch schlechtes Gewissen.* Dieses schlechte Gewissen – es ist, als könnten die Mütter behinderter Kinder ihm niemals entfliehen. Sie haben zwei Kinder, auf die sie zwar nicht ihre Liebe, aber notgedrungen ihre Kraft unterschiedlich verteilen müssen. Sie stehen in der Gefahr, das behinderte Kind dem anderen vorzuziehen, weil es soviel Hilfe braucht und auch, weil es wegen dieser Abhängigkeit weniger Konflikte heraufbeschwört: *Wenn ich Ärger mit meinem Sohn hatte, sagte ich zu meiner behinderten Tochter: «Ach, meine Gute, mit dir habe ich keine Probleme.» Mein Sohn wurde dann ganz aggressiv und sagte: «Du hast gut reden. Die macht dir je keine Probleme. Du bist ungerecht. Immer geht es nur um sie.» Er hatte schwere Probleme in der Schule, und ich mußte mit ihm zum Psychologen gehen.*

Ein Kind, das seinen Platz mit einem nachgeborenen behinderten Kind teilen muß, hat es oft schwerer als ein Kind, das in die «behinderte Familie» hineingeboren wird und dies von Anfang an als Selbstverständlichkeit erlebt: *Meine älteste Tochter war die ersten Jahre ganz hart gegenüber ihrer behinderten Schwester. Ich konnte das überhaupt nicht verstehen und dachte natürlich, das ist meine Schuld, weil ich nie genug Zeit für sie hatte. Aber heute ist es anders geworden. Die beiden verstehen sich sehr gut.* Doch es kann von Anfang an auch gutgehen: *Meine älteste Tochter ist unheimlich süß zu ihren zwei jüngeren behinderten Schwestern. Aber sie hat das Ausmaß der Behinderung noch nicht begriffen, und ich will sie auch nicht immer darauf stoßen.*

Die Gefahr ist, daß nichtbehinderte Kinder überfordert werden und ihre Zeit vor allem als Aufpasser für ihr behindertes Geschwister hergeben müssen, besonders bei schwerer Behinderung. Damit sind sie überfordert. Die Eltern vergessen zudem leicht, daß auch gesunde Kinder Probleme haben und viel Zeit der Eltern brauchen. Wenn den gesunden Kindern jedoch nicht zuviel aufgebürdet wird, hat es durchaus positive Wirkungen, wenn sie mit in die Verantwortung hineingenommen werden: *Ich lasse jetzt meinen Ältesten auf seinen kleinen behinderten Bruder aufpassen. Zuerst habe ich zwar geschlottert, wenn sie alleine unten spielten. Ich habe mich gezwungen, nicht ständig aus dem Fenster zu sehen. Aber der Älteste ist unheimlich lieb zu ihm, und der behinderte Bruder hat viel von ihm gelernt.* Hier wird Solidarität der Starken mit den Schwächeren ohne erhobenen Zeigefinger zwanglos im Sandkasten eingeübt.

Ist nach dem behinderten ein gesundes Kind zur Welt gekommen, beobachten die Eltern es mit angehaltenem Atem und empfinden es dankbar als ein ganz besonderes Geschenk. Und weil sie gelernt haben, nichts mehr als selbstverständlich zu nehmen und selbst die kleinsten Fortschritte zu schätzen, erleben sie das, was für andere gar nicht so besonders ist, mit ungeheurer Intensität: *Ich kann es gar nicht glauben, daß es mein Kind ist. Zum erstenmal sagt ein Kind «Mama» zu mir. Ich genieße meine Tochter einfach. Selbst wenn ihr etwas passieren würde, ich weiß, ich könnte es ertragen. Denn ich empfinde es als ein geborgtes Glück.* Es muß keineswegs so sein, daß Eltern ihr nachgeborenes nichtbehindertes Kind vor lauter Ängstlichkeit in Watte packen, im Gegenteil. Nach ihren Erfahrungen nehmen sie manches gelassener, was andere Eltern ängstigt. Für die übertriebenen Sorgen, die sich manche Eltern um ihre gesunden Kinder machen, fehlt ihnen oft das Verständnis. *Wenn ich sehe, wie Eltern mit ihren nichtbehinderten Kindern umgehen, möchte ich sie am liebsten durchschütteln.* Wer das durchgemacht hat, was Eltern eines behinderten Kindes hinter sich haben und womit sie sich in der Gegenwart auseinandersetzen müssen, für den reduziert sich manche Aufgeregtheit zu einem Problemchen. «Eure Sorgen möchte ich haben», seufzen da nicht wenige Eltern behinderter Kinder.

Ein gesundes Kind in einer behinderten Familie bedeutet aber auch, mit voller Wucht wieder auf die Grenzen und Beschränkungen des anderen Kindes gestoßen zu werden. Der eine nimmt es gelassen hin: *Meine Tochter hat mit vierzehn Monaten schon mehr drauf als mein zwölfjähriger Sohn je haben wird. Ich staune das nur an und kann meinen Sohn dadurch sogar noch besser annehmen. Die Momente totaler Traurigkeit sind seit der Geburt meiner Tochter vorbei.* Andere Eltern müssen noch einmal Abschiednehmen lernen: *Solange behinderte Kinder Einzelkinder sind, kann man sich etwas vormachen. Kommen jüngere Geschwister, ist die rosarote Zeit vorbei. Unsere Tochter hat mit zweieinhalb Jahren ihren fünfjährigen Bruder in der Entwicklung überholt. Wir waren nicht darauf vorbereitet, daß es so schnell ging. Wir sahen in ihr ein Genie, und sie kam sich vor wie ein Übermensch. Inzwischen sind wir alle wieder auf den Boden der Realität zurückgekehrt und sie hat ein fast mütterliches Verhältnis zu ihrem großen Bruder.*

Ob geplant oder ungewollt, die meisten Eltern bereuen es nicht, nach dem behinderten noch ein Kind bekommen zu haben. Das neue Kind hilft manchem, von der Fixierung auf die Behinderung ein weiteres Stück loszukommen: *Ich finde es gut, daß wir noch ein zweites Kind haben. Es ist dadurch mit dem behinderten Kind leichter geworden. Unsere Gedanken kreisen nicht mehr nur um die Behinderung.* Das gesunde Kind bedeutet auch Kontakte mit der Welt der Gesunden. Die Mutter einer schwerstbehinderten Tochter: *Durch die gesunden Kinder habe ich viele Verbindungen. Ich nehme meine behinderte Tochter einfach überall mit hin. Ob die Geschwister zum Fasching, zum Sportfest oder zum Chorfest gehen. Mit ihr allein würde ich das nicht tun.*

Die Welt des behinderten Kindes erweitert sich: Es lernt, daß es nicht allein ist und daß sich nicht alles um seine Person dreht. Die Herausforderung durch Geschwister und der kindliche Nachahmungstrieb sind besser als viele Therapiestunden: *Ich habe meine Kinder nach den gleichen Maßstäben erzogen. Bei der behinderten Tochter ging eben alles langsamer. Sie ahmt die Schwester gerne nach, die ihr vieles vormacht und zum Beispiel abends zu ihr sagt: «Allein putze ich meine Zähne nicht.»* Nicht immer sind die Erfolge so sichtbar. Doch insgesamt profitieren alle voneinander.

Kinderfragen haben schon manche Eltern aus dem Gleichgewicht gebracht. Sie können bei Eltern behinderter Kinder mitten im Alltag plötzlich Erschütterungen auslösen, denen die Eltern hilflos ausgeliefert sind: *Eines Tages sagte meine älteste Tochter: «Mama, wenn man sich ganz doll etwas wünscht, geht es dann in Erfüllung?» – «Weißt du», habe ich gesagt, «eine Puppe oder ein Buch, das kann man sich kaufen, wenn man Geld hat, und sich so diese Wünsche erfüllen. Aber Gesundheit, die kann man sich nicht kaufen.» Meine Tochter läßt nicht locker: «Aber wenn man sich eine Wimper ausreißt, dann geht der Wunsch doch in Erfüllung? Ich wünsche mir zu Weihnachten, daß meine Schwestern laufen können.» Und sie sitzt da und versucht, sich eine Wimper auszureißen. Das sind Momente, da geht es mir durch und durch, und ich denke nur: O Gott, o Gott . . .*

Umwelt: Man fällt überall auf

Es ist wirklich schwierig, ein behindertes Kind zu haben, weil es so schwer ist, der Umwelt gegenüberzutreten, ohne Schaden zu nehmen. Man wird abfällig betrachtet, hinter dem Rücken wird getuschelt. Es ist sehr schwer, sich normal zu verhalten. Es gehören Selbstbewußtsein und Aufgeklärtheit dazu. Ich konnte es nicht von Anfang an und habe es erst lernen müssen. Viele Eltern schaffen es nicht.

Es ist statistisch kaum abzuwägen, was schwerer wiegt, wenn die Katastrophe über eine Familie hereinbricht: die Zerstörung der eigenen Lebenspläne oder das Bewußtsein, mit diesem Kind ein Außenseiter geworden zu sein. Mir scheint, daß die Reaktion der Umwelt und das Wissen darüber, mit welchen Vorurteilen und Nachteilen ein behinderter Mensch leben muß, das drückendere Gewicht haben. Denn das Gefühl der Katastrophe und die Frage: Schaffen wir es, mit der Behinderung zu leben?, entspringen der Erfahrung, daß Behinderung in unserer Gesellschaft ein Makel ist, der Eltern und ihr Kind von den schönen und anerkannten Seiten des Lebens ausschließt.

Vernünftige Argumente greifen nicht, wo es um menschliche Urängste geht. Und der Mensch hört nicht auf, Sündenböcke zu suchen, die er verantwortlich machen kann für eigene Unzulänglichkeiten. Der Mensch scheint seiner selbst so wenig sicher zu sein, daß Abweichungen von der Norm für ihn unerträglich sind. Zumal wenn er sich mit kühlem Kopf sagen muß, daß sie ihm durch Unfälle und Erkrankungen jederzeit selbst zustoßen können. Er weiß ja nur zu gut, wie die Mehrheit ihn dann behandeln wird. Wer mit der These, daß jeder von Behinderung getroffen werden kann, um Verständnis für «behinderte Familien» wirbt, wird eine äußerliche Zustimmung ernten, die bei den wenigsten aus dem Herzen kommt. Selbst mit dem Tod, der unweigerlich alle trifft, setzen sich die wenigsten auseinander. Lieber Augen zu und nicht so genau über das Thema Behinderung nachdenken, sonst könnte man entdecken, wie unsicher und brüchig das eigene Leben ist, auch wenn an der Oberfläche alles nach Plan verläuft. Bitte nicht stören, heißt die Devise, nach der wir unser Leben einrichten.

Behinderte Kinder und ihre Eltern aber stören. Sie passen nicht in unser Bild von Gesundheit und Harmonie und lösen deshalb Unsicherheit und Aggressionen aus. Eltern behinderter Kinder bekommen diese Reaktionen immer aufs neue zu spüren. Immer wieder müssen sie da durch, müssen für Außenstehende Verständnis und Geduld aufbringen, die sie doch für die eigene Familie schon im Übermaß brauchen. Das kostet Kraft. Das macht müde.

Selbst die bösen Bemerkungen müssen ausgehalten werden: *Als ich mit meiner Tochter im Rollstuhl an der Ampel wartete, sagte eine Nonne: «Dieses Kind ist auch im Zorn Gottes gezeugt worden.» Bei solchen Bemerkungen kommen mir die Tränen vor Wut. Ich habe mir angewöhnt, in solchen Fällen eine Gegenfrage zu stellen: «Was hat Ihnen dieses Kind denn getan?»* Andere werden mit den immer neuen Überraschungen nicht fertig: *Mein Mann ging mit unserer Enkeltochter, die schwer behindert ist, in der Vorweihnachtszeit über eine belebte Einkaufsstraße. Da kam eine Frau auf ihn zu, sagte: «Das arme Kind», öffnete ihr Portemonnaie und drückte ihm 50 Mark in die Hand.* Der Großvater blieb sprachlos und hilflos zurück.

Auch im Verhältnis zur Umwelt durchlaufen Eltern behinderter Kinder einen Lernprozeß. Nach der Sprachlosigkeit der ersten Zeit gelingt es ihnen, sich zu wehren:

Am Anfang habe ich weggesehen, wenn ich mit meiner Tochter angestarrt wurde. Ich habe geschwiegen, wenn ich geduzt oder herabgesetzt wurde, nur aus der Angst, etwas Falsches zu sagen. Heute wehre ich mich. Bei den meisten Eltern, deren Kind sichtbar behindert ist, stellen sich beim ersten Spießrutenlaufen die gleichen Gefühle ein: *Man schämt sich, wenn man so angeglotzt wird. Es ist peinlich.* Es gibt Mütter und Väter, die es eine ungeheure Überwindung kostet, mit ihrem Kind auf die Straße zu gehen.

Man kann aggressiv werden, wenn man immer die gleichen mitleidigen Bemerkungen anhören muß. *Ich kenne die Reaktionen schon auswendig: «Ach Gott, das arme Kind.» Jetzt erwidere ich: «Es geht ihm gut.» Da bleibt ihnen der Mund offen stehen: «Wie kann die so etwas sagen!» Aber ich bin schon längst weiter. Am Anfang allerdings war es schlimm. Besonders weil ich das Gefühl hatte, mein Sohn bekommt es mit.* Wer nicht genug Selbstbewußtsein hat, dem Unverständnis und der Brutalität der Umwelt entgegenzutreten, verkriecht sich mit seinem behinderten Kind: *Als mein Sohn in die Schule ging und Freunde mit nach Hause brachte, habe ich meine Tochter zuerst immer versteckt und nicht über sie gesprochen.* Als diese Mutter den Weg ins Offene wagte, machte sie bei den Kindern eine erstaunliche Entdeckung: *Die Kinder, die kommen, sind rührend zu meiner Tochter. Einmal rief hinterher eine Mutter an und sagte, ihr Sohn habe ihr von meiner Tochter erzählt. Und sie fragte: «Können wir sie nicht einmal besuchen?»*

Die meisten Menschen bewegen sich problemlos und unauffällig in der Öffentlichkeit. Wir begegnen uns in der U-Bahn, auf den Straßen, bei den Behörden, ohne uns viel Beachtung zu schenken. Beim flüchtigen Vorübergehen signalisiert unser Unterbewußtsein «keine besonderen Kennzeichen». Niemand dreht den Kopf herum. Der einzelne geht unter in der Masse. Das wird oft beklagt.

Die Eltern behinderter Kinder würden viel darum

geben, einmal mit ihrem Kind unauffällig in die Masse eintauchen zu können. Doch es gibt keine Tarnkappe für sie. Der Rollstuhl oder das Aussehen ihres Kindes – und sei es noch so minimal abweichend – lassen bei allen Vorübergehenden offenbar ein rotes Licht aufleuchten: Da ist jemand, der ist nicht so, wie er gemäß unserer Vorstellung vom Menschen sein sollte. *Wir fallen auf. Man ist niemals unauffällig. An dieses Gefühl muß man sich erst gewöhnen. Mein Sohn sagte einmal: Wieso bin ich denn anders? Vielleicht sind die andern alle falsch?* Wer keine Bemerkung macht, kann auch auf stumme Weise zeigen, wie er über Behinderung denkt: *Wenn wir mit unserem Rollstuhl kommen, gehen viele auf die andere Straßenseite, um mit dem Problem nicht konfrontiert zu werden.*

Neben solchen demonstrativen Reaktionen gibt es noch andere Möglichkeiten, die den Eltern zeigen, daß sie von der Umwelt für ihr Problem keine Hilfe erwarten können – Gedankenlosigkeit und Gleichgültigkeit. Die allein lebende Mutter eines schwer behinderten Kindes erzählt: *Die meisten im Betrieb fragen nie. Es gibt keinerlei Interesse für mein Kind. Die Kollegen haben alle gesunde Kinder und Familien, in denen alles wunderbar funktioniert. Dann erzählen sie mir, wie gut ihre eigenen Kinder laufen lernen. Manchmal kann ich es nicht mehr hören.* Egal, wie die anderen sich verhalten, die Eltern behinderter Kinder können ihnen nicht ausweichen: *Man muß immerzu auf andere reagieren.*

Je nachdem, welche Erfahrungen gemacht werden, entwickeln sich bei den Eltern zwei Verhaltensmuster. Die einen sind nicht mehr bereit, den Kränkungen der anderen entgegenzutreten und immer aufs neue Erklärungen abzugeben: *Irgendwann hat man keine Lust mehr, auf die Reaktionen der Umwelt einzugehen. Ich weiß, sie tuscheln hinter mir her. Aber ich will nicht mehr. Ich brauche meine Kraft für anderes.* Das Rezept eines Vaters: *Ich habe am Anfang immer beobachtet: Wie reagieren die andern, interessiert oder abwehrend? Das habe ich mir inzwischen abgewöhnt. Das interessiert mich nicht mehr.* Es gibt Eltern, die auf Grund bitterer Erfahrungen versteinert sind: *Die anderen verstehen nichts. Sie haben kein Mitleid. Sie reden bloß so. Ich schaue sie nur an, dann sind sie still. Einmal fing ein Kollege von mir an zu weinen und sagte: «Ich muß an deinen Sohn denken.» Ich kann mir das überhaupt nicht erklären.*

Die Eltern, die nicht immer nur gedemütigt wurden, sondern auch positive Erfahrungen gemacht haben und die mit ihren eigenen Gefühlen im reinen sind, machen eher von sich aus den ersten Schritt: *Man muß mit liebevollem Verständnis auf die Umwelt zugehen. Wenn ich mit meinem Sohn im Park bin und auf einer Bank sitze, rede ich mit anderen über seine Behinderung. Ich freue mich auch, wenn ich spontan darauf angesprochen werde. Eine Frau, der ich die Behinderung erklärte, sagte ehrlich entsetzt zu mir: «Da weiß ich gar nicht, was ich sagen soll.» Wir haben dann ein sehr gutes Gespräch geführt.* Eine Mutter mit zwei schwer behinderten Töchtern: *Man muß lernen, darüber hinwegzukommen, daß es heißt: «Ach, das ist die mit den doofen Kindern!» Wir als Betroffene müssen auf die anderen zugehen. Sie warten darauf.* Leicht war dieser Rat auch für die nicht, die ihn an sich selber ausprobiert haben: *Als ich das erste Mal sagte: «Meine Kinder sind behindert», war mir der Hals wie zugeschnürt. Nachdem ich das überwunden hatte, merkte ich, wie offen man mit anderen darüber reden kann.*

Je offener man selber ist, desto besser bekommt man Kontakt. Der Satz gilt für alle Beziehungen zwischen Menschen. Doch wer ist schon ständig gezwungen, seine Probleme fremden Menschen zu erklären? Und wo lernen wir, spontan und vorurteilslos fremden Menschen zu helfen?

Die Unsicherheit besteht auf beiden Seiten. Es wäre falsch, die Nichtbehinderten mit Vorwürfen einzudecken. Bei ihnen ist keineswegs nur Abneigung, nur Gleichgültigkeit im Spiel. Für die oft erlebte Gedankenlosigkeit gibt es eine Erklärung: *Wenn ich jemanden anspreche, mache ich meist gute Erfahrungen. Nur von selber kommt keiner auf die Idee zu helfen.* Einige schon, aber sie wissen nicht, wie sie ihre Absicht umsetzen sollen. Die meisten können nichts anfangen mit einem Menschen, der nicht spricht, nicht hört; zu dem man nur langsam Kontakt aufnehmen kann. Sie haben einfach Angst, etwas falsch zu machen oder aufdringlich zu sein. Für solche Reaktionen immer aufs neue Verständnis zu zeigen, ist nach vielen enttäuschenden Erfahrungen sicher schwer. Aber vielleicht können sich die Eltern erinnern, wie fremd ihnen selbst die Behinderung war, bevor ihr behindertes Kind in die Familie kam.

Es ist viel verlangt, doch der Teufelskreis kann vor allem von denen durchbrochen werden, die sich verändert haben und die nun in beiden Welten leben. Noch einmal die Mutter von zwei schwer behinderten Kindern: *Man muß den anderen zeigen, daß der Umgang mit Behinderten nichts Besonderes ist. Man muß ihnen ein behindertes Kind einfach in den Arm legen, um die Hemmschwelle abzubauen. Natürlich ist es der Traum aller Eltern mit behinderten Kindern, daß der Nachbar von sich aus seine Hilfe anbietet. Es bleibt ein Traum. Ich muß den ersten Schritt tun.* Sie hat es getan und gute Erfahrungen gemacht.

«Behinderte» und «nichtbehinderte Familien» sind Opfer einer kontaktgestörten Welt, in denen der spontane Kontakt zwischen Menschen, die sich fremd sind, nicht üblich ist und eher Befremden auslöst. Diese Beziehungslosigkeit behindert beide: Den, der helfen möchte, aber sich nicht traut und den anderen, auf den diese Hilfe gerichtet ist. Wir alle sind erzogen worden mit der Anleitung, uns aus eigener Hilfe durchzubeißen und auf freundliche Angebote ablehnend zu reagieren. Was die Mutter eines schwer behinderten Jungen sagt, gilt für viele: *Man muß lernen, sich helfen zu lassen. Ich war immer ein Mensch, der «Nein, danke» sagte.* Sie hat es gelernt, auf andere zuzugehen: *Es hat mich am Anfang viel Überwindung gekostet. Aber ich hatte das Gefühl, ich muß die anderen aufklären. Dann habe ich gemerkt, daß es gut war, wenn ich sagte: Er hat einen Gehirnschaden. Die Leute waren freundlich interessiert. Das ist mir lieber als vornehme Zurückhaltung.*

Viele Nichtbehinderte sind befangen und zurückhaltend. Sie wissen nicht, ob es erwünscht ist, sich einzumischen. Sie fürchten, daß Eltern auf die Behinderung ihres Kindes gar nicht angesprochen werden wollen. Doch dieser Eindruck täuscht. Zwar gibt es Phasen, in denen die Mütter, die vor allem mit der Umwelt zusammenstoßen, sich am liebsten verkriechen würden. Aber stärker ist das Bedürfnis, selbst mit Unbekannten über sich selbst und das eigene, behinderte Kind zu reden: *Es gab Zeiten, da wollte ich es jedem erzählen. Ich habe fremde Menschen angesprochen in der Hoffnung, daß man bemerkt, wie es um mich steht. Auf diese Weise bin ich auf Menschen gestoßen, die dann meine Freunde wurden.* Niemand braucht Angst zu haben, mit einem aufmunternden Wort oder einer Frage bei Eltern behinderter Kinder auf Ablehnung zu stoßen.

Und wie ist es mit dem vielzitierten Mitleid? Wenn es von oben herab kommt, weil man glaubt, zu einer guten Tat verpflichtet zu sein, verzichten Eltern behinderter Kinder darauf. Wenn es Mitgefühl ist mit der Situation des anderen und eine Solidarität, die ohne Überheblichkeit die Chancenungleichheit in dieser Welt ein wenig verringern möchte, wird sie von vielen «behinderten Familien» akzeptiert: *Mitleid ist ein dummes Wort, weil es so mißbraucht wird. Doch ich sträube mich gegen den Satz: «Wir wollen kein Mitleid.» Mitleid als Solidarität mit den Schwächeren ist eine gute Sache. Manchmal fordere ich Rücksicht. Weil ich mit meinem Sohn beim Einkaufen nicht in der Schlange stehen kann, erwarte ich, daß die andern nicht böse sind, wenn ich zur Kasse vorgehe.* Was alle erwarten: daß endlich die zynischen Witze über Behinderte aufhören und daß die Nichtbehinderten im Gespräch mit den Betroffenen nicht so gedankenlos Dinge sagen, die tief verletzen.

Um ihrer Tochter solche Negativ-Erfahrungen wenigstens in der Schule zu ersparen, nahm eine Mutter eines Tages ihre behinderten Zwillinge, ging in die Schule und sagte zur Lehrerin ihrer nichtbehinderten Tochter: *Damit Sie Bescheid wissen, falls in der Klasse meiner Tochter mal jemand sagt: «He, du Spasti!» Die Lehrerin war dankbar und sprach mit ihrer Klasse über Behinderung.* Es gibt aber auch Eltern, die ihr behindertes Kind in der Schule verschweigen. Kommt es bei dem nichtbehinderten Kind auf Grund der besonderen Situation in der Familie zu Schulproblemen, stehen die Lehrer ahnungslos davor. Für alle Lebensbereiche gilt, was der Vater eines behinderten Kindes sagt: *Wir gehen so selbstverständlich, wie es eben möglich ist, mit unserem Kind überall hin. Ich schiele nicht mehr auf die anderen. Vielmehr will ich ihnen vermitteln, daß es nichts Besonderes oder Unnatürliches ist, ein behindertes Kind zu haben. Wenn ich selber unsicher bin, übertrage ich das auf andere.*

Es ist schwer für Eltern, ihr behindertes Kind loszulassen. Wir haben von vielen Gründen dafür gehört. Es fällt schwer einzusehen und zuzugeben, daß auch andere ihr behindertes und hilfloses Kind gut und fürsorglich betreuen können. Am schwersten fällt es ihnen, auf Zeit Abschied von der eigenen Verantwortung zu nehmen, auf Dauer Vertrauen in die anderen zu setzen und das wirklich zu glauben, was sie sich am meisten wünschen: daß ihr behindertes Kind von anderen geliebt wird. Denn so sehr sie es wollen, so groß ist doch ihre Ängstlichkeit, daß diese Liebe für die anderen eine Belastung und deshalb nicht echt ist. Und dieser Zwiespalt kann es verhindern, das Kind freizugeben und ihm die Möglichkeit nehmen, Kontakte außerhalb der Familie zu entwickeln, sich von den Eltern ein wenig zu emanzipieren und damit Abwechslung und Lebenstüchtigkeit zu gewinnen. Die Vorstellung, daß ihr Kind einmal ohne sie auskommen kann und dabei glücklich ist, ist für sehr viele Eltern behinderter Kinder unvorstellbar. Urlaub heißt das Stichwort, das aufzeigt, daß die meisten kapitulieren und ihre Versuche, an sich selbst zu denken, scheitern.

Die Mutter eines behinderten Jungen erzählt: *Zuerst haben wir viele Jahre keinen Urlaub gemacht, weil mein Sohn sich zu Hause am wohlsten fühlt. Dann hatte ich einen Zusammenbruch, und der Arzt sagte mir, daß ich meinem Kind nicht helfe, wenn ich mich kaputt mache. Wir beschlossen daraufhin, den Jungen in einer Klinik abzugeben, um allein in Urlaub zu fahren. Es war furchtbar, weil unsere Bindung zu ihm so stark ist. Ich hatte überhaupt keine Erholung. Jetzt mache ich von Zeit zu Zeit allein Urlaub, während mein Mann bei unserem Sohn bleibt, obwohl auch er Urlaub nötig hätte.* Wer kann sich das vorstellen: niemals ein paar Tage im Jahr zu haben, wo sich nicht alles nach dem Tagesablauf des behinderten Kindes richtet? Nicht immer auf dem Sprung zu sein für jemanden, der sich nicht helfen kann, der ständig beschäftigt werden muß? Niemals mit dem Partner allein zu sein? *Einmal in neun Jahren hat sich jemand für unsere Tochter gefunden. Da sind wir ins Ausland gefahren. Das war ein Erlebnis. Davon zehren wir die ganzen Jahre.*

Die Bindung an das behinderte Kind kann so eng werden, kann so sehr alles ausfüllen, daß die Mutter mit sich allein nichts mehr anzufangen weiß und dies auch selbstkritisch zugibt: *Wenn mein Sohn in Urlaub ist, bin ich immer unruhig. Ich gehe nicht aus dem Haus, weil ich denke, vielleicht kommt ein Anruf, daß es ihm nicht gut geht. Ich fange an zu putzen, um mich zu beschäftigen. Eigentlich möchte ich meine Zeit genießen, aber ich weiß nicht wie.* Vielleicht überzeugt die Erfahrung anderer Eltern: *Das erste Mal, als meine Tochter in Urlaub fuhr, hatte ich starke Bedenken. Ich sagte mir: Das schafft sie nicht, sie wird nach wenigen Tagen zurückgebracht. Ich mußte ständig an sie denken. Aber alles ging wunderbar, und meiner Tochter hat es unheimlich Spaß gemacht.*

Da wurde mir klar: Das Kind braucht die Eltern gar nicht immer. Es geht auch ohne uns gut.

Die Abwertung durch die Umwelt hinterläßt bei den «behinderten Eltern» tiefe Spuren. Ihr Vertrauen in die Solidarität und in die selbstverständliche Hilfe ist gebrochen: *Ich glaube nicht, daß ich jemanden finde,* ist ein oft gehörter Satz. Viele Eltern lernen nicht, sich helfen zu lassen. Sie mißtrauen der Beteuerung, daß diese Hilfe auch eigennützig ist, weil der andere durch seine Beziehung zu einem behinderten Kind für sich selber viel gewinnt und dazulernt: *Meine Nachbarin nimmt meinen Sohn manchmal. Aber nach einer Stunde habe ich keine Ruhe mehr, laufe wieder rüber, weil ich denke, er macht ihr zuviel Mühe.* Man wird bescheiden und möchte niemandem zuviel zumuten. Die Eltern behinderter Kinder müssen sich fragen, ob das nicht manchmal eine falsche Bescheidenheit ist. Sie dürfen ruhig ihre Nachbarn und ihre Freunde herausfordern und ihnen etwas zutrauen. Sie müssen ihnen nur Zeit lassen, ihre Unsicherheit zu verlieren und langsam eine Beziehung zu dem behinderten Kind aufzubauen. Es profitieren alle davon.

Im Miteinander von Behinderten und Nichtbehinderten geht es weder um programmatische Erklärung noch um Sentimentalitäten. Es sind ganz praktische Dinge, die den einen Erleichterung bringen und den anderen den Zugang zu einer Welt und zu Menschen eröffnen, von denen sie bis dahin nichts wissen wollten. Und wie jede Entdeckung bringt auch diese neue Erfahrungen und verändert den, der sie macht. Niemand muß Angst haben, daß er zuwenig anbietet. Ein freier Samstagvormittag, ein Abend im Monat zum Ausgehen wäre für viele Eltern behinderter Kinder ein Grund zur Freude. Strukturen, die rigorose Leistung fordern und bei denen alle, die nicht mithalten können, erbarmungslos an den Rand gedrückt werden, ändern sich dadurch nicht. Aber das ist kein Grund, nicht der Lebensmaxime zu folgen, die «behinderte Familien» lernen: Kleine Schritte zu machen, einen nach dem andern. Das Warten auf grundlegende Änderungen kann auch zum Vorwand werden, die eigene Bequemlichkeit nicht aufzugeben und sich vor konkreter Hilfe zu drücken.

Die Eltern behinderter Kinder wollen nicht auf die Zukunft vertröstet werden. Sie erleben täglich, wie die Gesellschaft in der Gegenwart mit ihnen umgeht. Es ist ein Anfang gemacht worden, Behinderte nicht mehr zu verstecken, sondern am Leben aller teilnehmen zu lassen. Doch es ist erst ein Anfang. Dieses Kapitel über die Beziehung der Umwelt zu den behinderten Familien ist auch ein kleiner Versuch, gegenseitige Verhärtungen aufzulockern und beide Seiten zu ermuntern, aufeinander zuzugehen.

Wir dürfen uns nichts vormachen, wie Eltern behinderter Kinder diese Umwelt immer noch und immer wieder erleben: *Wir hatten viele schöne Ferien. Aber es gab einen Urlaub, da fiel es mir unheimlich schwer, meinen Sohn im Speisesaal des Hotels unter all den Leuten zu füttern. Sobald uns nur einer anstarrte, war ich schon satt und konnte nichts mehr essen. In die Mitte setze ich mich sowieso nicht mehr, sondern immer an die Seite, wo uns möglichst wenige sehen. Früher hat es mir weniger ausgemacht. Heute, wo mein Sohn größer ist, fällt es mir schwer.*

Eltern behinderter Kinder sind oft bescheiden geworden, zu bescheiden. Doch das hat Gründe, und es steht anderen nicht zu, sie dafür zu tadeln. Es sind Kleinigkeiten, die sich summieren und das Leben verdüstern, einengen und belasten. Es sind Kleinigkeiten, die es aufhellen, erträglicher und freundlicher machen: *Man hat Phasen, da sind die Nerven einfach dünner. Es geht oft sehr gut, wenn wir mit unserem Jungen unterwegs sind. Aber manchmal passieren drei, vier Vorfälle hintereinander. Wenn so ein Tag ist, wo man dauernd angemacht wird, hilft es ungeheuer, wenn dann plötzlich jemand auf einen zugeht oder ein paar nette Worte sagt. Das richtet einen richtig auf.*

Integration: Manchmal war ich völlig fertig

Als Ende der fünfziger Jahre Eltern behinderter Kinder dafür zu kämpfen begannen, daß auch ihr Nachwuchs Anspruch auf Schulbildung und Ausbildung hat, war der Begriff «Integration» im Bereich dieser Thematik ein Fremdwort. Niemand sprach davon. Weil behinderte Kinder im Leistungssystem ihrer Altersgenossen nicht mithalten konnten, forderten ihre Eltern besondere Einrichtungen, in denen Behinderte das lernen sollten, was ihrer Entwicklung entsprach und innerhalb ihrer Beschränkungen möglich war. Und es war ihr Erfolg, daß diese «Sondereinrichtungen» entstanden.

Anfang der siebziger Jahre begann dann eine Diskussion, die bis heute nicht beendet ist. Weg von den Sonderschulen, dafür Eingliederung, Integration von nichtbehinderten und behinderten Kindern in der Regelschule, hieß das neue Ziel. Von Illusionen sprechen die Gegner solcher Pläne und warnen davor, die Schule als Hebel zu benutzen, um die Gesellschaft zu verändern.

Es lohnt sich, auf das heiße Eisen «Integration» ausführlich einzugehen. Aber nicht, um dem Streit der Experten in seine Verästelungen zu folgen, sondern um die Rolle der Eltern in Praxis und Theorie zu verfolgen. Zum einen ist der Zeitpunkt der Einschulung für viele Eltern ein bitterer Augenblick. Sie fragen sich, ob sie alles getan haben, um ihrem Kind die besten Chancen zu geben. Unwiderruflich trennt sich nun sein Weg von dem der anderen, der «gesunden» Kinder. Zum andern ist die integrierte Schule ein Ort, wo sich die Interessen von Nichtbehinderten und Behinderten treffen können. Die Schule ist nicht besser und nicht schlechter als die Gesellschaft, in der sie existiert. Man darf sie nicht überschätzen und überfordern. Aber sie ist in unserem Leistungssystem die Drehscheibe, die über die weitere Entwicklung eines Menschen, über seinen Platz in der Gesellschaft entscheidet. Sie ist – vor allem als Grund- und Gesamtschule – ein Ort, an dem Kinder verschiedener sozialer Schichten zusammenkommen und miteinander lernen und spielen. Behinderte und nichtbehinderte Kinder können hier zusammen aufwachsen, ohne sich in einer Ausnahmesituation zu fühlen. Ihre Eltern kommen ganz selbstverständlich miteinander in Kontakt und lernen sich über alltäglichen Problemen näher kennen. Dieser Kontakt geht über Jahre und übertrifft deshalb jeden noch so aufwendigen, keineswegs unwichtigen, aber doch sporadischen Versuch, die Welt der Behinderten durch Weihnachtsbasare, Vorträge und Filme aus der Isolation zu holen.

Es waren Eltern – von behinderten und nichtbehinderten Kindern –, die durch ihre Zähigkeit bewiesen haben, daß man mit kleinen Schritten Erfolg haben und die Realitäten verändern kann. Wenn das, was in Bewegung geraten ist, sich weiter ausbreiten und entwickeln soll, müssen vor allem die Eltern behinderter Kinder von der Wichtigkeit und Richtigkeit der Schul-Integration überzeugt werden. Ängste und Skepsis sind unter ihnen weit verbreitet. Eine solche Schule scheint vielen Eltern ein schöner, aber unerreichbarer Traum, in den sie keine Hoffnung und deshalb auch keine Anstrengung investieren.

Weniger umstritten ist die Forderung, daß behinderte und nichtbehinderte Kinder in den gleichen Kindergarten gehen. Positive Erfahrungen gibt es viele: *Meine Tochter war zwei Jahre in einem normalen Kindergarten. Zuerst kam sie nicht richtig mit. Aber dann hat es ihr viel gebracht. Die anderen Kinder waren lieb zu ihr, ohne sie in Watte zu packen.*

Wir hatten dadurch viele Kontakte im Ort. Ein Negativ-Erlebnis jedoch, das auf eine unzureichende Vorbereitung und schlechte pädagogische Begleitung zurückgeht, kann das Interesse für immer töten: *Meine Tochter war die einzige Behinderte unter fünfzehn Kindern. Sie hat immer nur zugesehen und nie mitgespielt. Wenn ich das sah, hat es mir einen Stich gegeben. Ich habe sie deshalb in den Lebenshilfe-Kindergarten gebracht. Für mich gibt es keine Integration mehr. Ich bin pessimistisch geworden. Dieser Weg ist zu schwer. Auch unter den sogenannten Normalen gibt es Gruppen, die sich absondern und getrennt leben.*

Die Eltern haben Angst, daß ihr Kind unter den Tüchtigen untergeht und nicht genug Förderung bekommt. Sie befürchten, daß es in der integrierten Klasse nicht genug praktische Fähigkeiten einüben kann und keine Erfolgserlebnisse hat. Im näheren Umkreis mit Eltern zu sprechen, die Erfahrung haben, ist nur selten möglich, da es trotz steigender Versuche immer noch zu wenig Modelle gibt, an denen Integration praktiziert wird. Den positiven Artikeln über erfolgreiche Experimente mißtrauen sie. Vielleicht will man sie und ihre Kinder mißbrauchen, um unausgegorene Neuerungen auszuprobieren? Sie wollen nicht, daß ihre Kinder wie Meerschweinchen im Experiment behandelt werden. Denn es geht nicht um Theorie, sondern um Menschenleben. Sie glauben, vor eine Alternative gestellt zu sein, die ihnen gar keine Wahl läßt: *Was interessiert mich mehr, gesellschaftliche Veränderungen oder mein Kind, das in der integrierten Schule nicht mitkommt?* Wo Vertrautes gegen Neues ausgetauscht werden soll, sind Zögern und Ablehnung als erste Reaktionen menschlich. Ist es doch noch keine 25 Jahre her, daß die Experten überhaupt zugaben, wie sehr die behinderten Kinder benachteiligt waren. Da wundert es nicht, daß Eltern den Ideen der Experten grundsätzlich abwartend gegenüberstehen.

Im Jahre 1960 beschäftigte sich die Kultusministerkonferenz der deutschen Bundesländer zum erstenmal mit dem «Sonderschulwesen». Nach all den Jahren des Schweigens war das Gutachten, das sie veröffentlichte, erst einmal ein Fortschritt: «Das Ansehen der Sonderschulen in der Öffentlichkeit muß gehoben werden ... Das deutsche Volk muß die Aufgabe wieder ernst nehmen, allen Kindern und Jugendlichen, die die allgemeinen Schulen nicht mit Erfolg besuchen können, den Weg zu einem sinnerfüllten Leben zu bereiten.» Auf der Grundlage dieser Empfehlungen verbesserte sich die Situation der Sonderschulen zwischen 1960 und 1973 wesentlich: Mehr Schulen dieses Typs wurden gebaut, die Schülerzahl in den Klassen sank, die Lehrerzahl stieg um das Vierfache. Es stieg auch die Zahl der Schüler von rund 133 000 auf 397 000. (Heute sind es rund 360 000.) Für unzählige Eltern, die ihr behindertes Kind bis dahin ständig zu Hause hatten, war es eine nicht zu unterschätzende Erleichterung und ein Erfolgserlebnis, daß ihr Kind nun jeden Morgen vom Schulbus abgeholt wurde. Es wurde nicht länger vergessen und abgeschoben. Viele andere Kinder, die in der letzten Bank einer Regelschule gerade noch geduldet waren, erhielten in den neuen Sonderschulen eine Förderung und Zuwendung, für die im Normalsystem weder Zeit noch Fachpersonal zur Verfügung stand.

Die Pluspunkte dieser Entwicklung dürfen nicht verschwiegen werden, auch wenn inzwischen vieles dafür spricht, daß das ganze System der Sondereinrichtungen neu überdacht und grundsätzlich verändert werden muß. Erst im Laufe der Jahre zeigte sich, wie sehr das Etikett «Sonderschüler» zum Brandmal wurde. Aber deshalb kann man die Anfänge dieser Entwicklung nicht im nachhinein, wenn man ja immer klüger ist, verurteilen. Es hieße auch, das Engagement einer ganzen Elterngeneration vom Tisch zu wischen. Ob die vielen Schüler, die nach 1960 in den Sonderschulen aufgenommen wurden, dort wirklich alle hingehörten, wird allerdings fraglich, wenn man im Gutachten von 1960 liest, daß alle Schüler ausgesondert werden sollen, die «dem Unterricht in den allgemeinen Schulen nicht folgen können oder dort ihre Mitschüler hemmen». Das ist die Kehrseite der Medaille: Wer versagt, wird nicht so gefördert, daß er im gleichen System mithalten kann. Er muß verschwinden, um die anderen nicht zu stören. Die Frage, ob am System vielleicht etwas nicht stimmt, wenn so viele «Versager» produziert werden, kam den Bildungspolitikern lange nicht in den Sinn.

Nach dreizehn Jahren stellten Politiker und Pädagogen in einer gemeinsamen Erklärung fest, daß der eingeschlagene Weg nicht zum Ziel geführt hatte. Der Deutsche Bildungsrat erklärte 1973 in einer Empfehlung «Zur pädagogischen Förderung behinderter und von Behinderung bedrohter Kinder und Jugendlicher»: «Für diese neue Empfehlung mußte die Bildungskommission davon ausgehen, daß behinderte Kinder und Jugendliche bisher in eigens für sie eingerichteten Schulen unterrichtet wurden, weil die Auffassung vorherrschte, daß ihnen mit besonderen Maßnahmen in abgeschirmten Einrichtungen am besten geholfen werden könne. Die Bildungskommission folgt dieser Auffassung nicht.» Sie forderte statt dessen «eine weitmögliche gemeinsame Unterrichtung von Behinderten und Nichtbehinderten» und brachte den alten und den neuen Weg auf zwei gegensätzliche Begriffe. Sie stellte «der bisher vorherrschenden schulischen Isolation Behinderter ihre schulische Integration entgegen».

Die Eltern waren den Experten voraus. Ein Jahr, bevor der Bildungsrat seine neuen pädagogischen Leitlinien veröffentlichte, wurde in Berlin-Schöneberg eine revolutionäre Krabbelgruppe ins Leben gerufen: Jeden Tag von 9 bis 16 Uhr kamen je zwei Gruppen von vier bewegungsgestörten und drei nichtbehinderten Kindern zusammen. Die Eltern kannten sich aus der Berliner Kinderladen-Bewegung und hatten sich zu «Therapeutischen Eltern-Kinder-Gruppen» zusammengetan. Sie erarbeiteten ein detailliertes Konzept und begannen im April 1972 mit ihrem integrierten Kinderladen, noch bevor der Berliner Senat irgendwelche finanziellen Zusagen gemacht hatte. Es war wohl der erste Integrationsversuch in der Bundesrepublik. Ein Jahr später kamen 300 000 DM Zuschuß vom Senat, und trotz aller Querelen und Konflikte gelang es den Eltern, ein Pionierprojekt durchzusetzen, das heute Geschichte ist und zugleich sehr lebendige Realität.

Als für die ersten Kinder aus diesem Kinderladen der Zeitpunkt der Einschulung kam, konnte für die Eltern das Zusammensein ihrer Kinder nicht beendet sein. Wieder gab es Hindernisse, Rückschläge. Aber schließlich wurde an der staatlichen Fläming-Grundschule eine Integrationsklasse eingerichtet. Heute sind vier weitere Integrationsklassen und die Integrations-Vorschulklasse an der Flämingschule eine Selbstverständlichkeit. Das Projekt umfaßt rund 250 Eltern mit ihren 130 Kindern und hat über die Integration hinaus pädagogisches Neuland betreten. In einer Projektgruppe arbeiten Eltern, Lehrer, Schulleitung und wissenschaftliche Begleiter zusammen, und die Eltern haben dort seit Mai 1981 ein gleichberechtigtes Stimmrecht.

Als die Berliner Eltern 1975 zum erstenmal vage Überlegungen anstellten, ihr Experiment an einer Regelschule fortzusetzen, stießen sie auf Ablehnung bei den Behörden und auf tiefe Skepsis selbst bei wohlwollenden Politikern: «Was ihr da vorhabt, ist so, als wolltet ihr den Mount Everest mit der Kinderschippe abtragen.» Das Modell Flämingschule ist deshalb so wichtig für Eltern behinderter Kinder, weil es Mut macht. Denn es gelang den Eltern am Ende, den Berg von Vorurteilen abzubauen. Ein Vater, der zu den Gründungseltern zählt:

«Die Bedeutung der Elternarbeit für die schulische Integration an der Flämingschule war konkret die, daß es ohne sie das Projekt nicht gäbe.» Das Selbstbewußtsein der Eltern gegenüber den Experten ist berechtigt, denn sie bekommen durch den täglichen Umgang mit ihren behinderten Kindern eine Erfahrung, die unersetzlich ist.

Berlin war der erste Beweis, daß sich solche häusliche Erfahrung in eine außerhäusliche Praxis, wo eigentlich die Experten planen und entscheiden, umsetzen läßt. Erfolg ist ansteckend. An Hamburgs Schulen wurden 1983 vier erste Schulklassen als Integrationsklassen eingerichtet. 1984 sollen vier weitere folgen. Immer noch kein Durchbruch, aber doch ein großer Schritt nach vorn, der nur schwer wieder rückgängig gemacht werden kann. Aus einzelnen Punkten entsteht langsam ein Netzwerk, das hoffentlich eines Tages die ganze Bundesrepublik überzieht.

In Hamburg wie in anderen Städten, in denen nach dem Beispiel der Flämingschule einzelne integrierte Klassen als Modellversuche aufgebaut werden, war es allein das unermüdliche Drängen der Eltern, das diese Veränderungen im System möglich gemacht hat. Eine Mutter, die die Initiative ergriff: *Man braucht sehr viel Energien. Oft war ich völlig fertig und habe gedacht: Jetzt schmeiß ich den ganzen Kram hin. Immer wieder gab es Rückschläge. Aber man macht doch weiter.* Wichtig ist, daß die Eltern genaue Vorstellungen haben, Pläne entwerfen, immer neue Ideen einbringen und zur Not in der Öffentlichkeit Druck machen, wenn die Sache ins Stocken gerät. Die meisten Elterngruppen, die ein solches Projekt durchziehen, holen sich Anschauungsunterricht in der Flämingschule.

Sie müssen auch aufpassen, daß unter dem Deckmantel «Integration» nicht Sparmaßnahmen durchgeführt werden, die den Sinn eines solchen Projektes in sein

Gegenteil verkehren würden: *Wir wollen ja nicht die alte Dorfschule wiederbeleben, wo hinten die Doofen sitzen.* Außer dem Lehrer muß es ein bis zwei weitere ständige Mitarbeiter in der Klasse geben und die Schülerzahl sollte nicht über fünfzehn liegen. Von dieser guten pädagogischen Ausstattung profitieren dann alle, die behinderten wie die nichtbehinderten Schüler. Alle können optimal gefördert werden. Ein Grund unter anderen für Eltern mit nichtbehinderten Kindern, sich für eine Integrationsklasse zu engagieren. Vor allem aber sind diese Eltern überzeugt, daß Solidarität mit den Schwächeren etwas ist, das man lernen kann und muß, und daß die Schule dafür der richtige Ort ist: *Wenn ein Kind schwach ist, lernen andere Kinder, darauf mit Hilfestellungen zu reagieren. Das schwächt nicht die Leistung des Gesunden, sondern stärkt sie.* Die Erfahrungen an der Flämingschule beweisen, wie positiv sich das Zusammensein mit behinderten auf die nichtbehinderten Kinder auswirkte. Indem sie die Schwäche der anderen sahen und Mitgefühl zeigten, konnten sie ihre eigenen Schwächen leichter akzeptieren und ihre eigenen Gefühle viel deutlicher artikulieren.

Die Frage, was Schule erreichen soll und was alles zur Bildung gehört, ist durch den Anspruch auf Eingliederung oder besser: Nichtaussonderung behinderter Kinder besonders eindringlich gestellt. An diesem Anspruch muß Schule sich messen lassen: Wieweit ist sie in der Lage, alle Kinder auf das Leben vorzubereiten, das immer auch ein Leben in der Gemeinschaft mit anderen ist? Diesen Anspruch hat jedes Kind, das geboren wird, und für dieses Grundrecht muß es keine Beweise erbringen. Daraus folgt, daß Schule unter ein und demselben Dach ein sehr differenziertes System anbieten muß, das jedes Kind nach seinen Möglichkeiten fördert, auch herausfordert und innerhalb seines jeweiligen Leistungsvermögens bewertet.

Aufsehen erregte es, als 1977 in Italien alle Sonderschulen per Gesetz aufgelöst wurden. Für italienische Pädagogen ist Schule nicht nur «der Ort einer mechanistischen Wissensvermittlung, sondern vor allem der Ort der Gestaltung mitmenschlicher Beziehungen». Man vertraut darauf, daß die Beziehungen zwischen Behinderten und Nichtbehinderten sich grundsätzlich ändern werden, wenn eine ganze Generation heranwächst, für die das Zusammenleben von Stärkeren und Schwächeren selbstverständlich ist. Dafür riskierte man Anfangsschwierigkeiten und Lösungen, die nicht perfekt sind. Aber man ist überzeugt, nur so wirklich Veränderungen zu schaffen. Damals erklärte der Vorsitzende des Verbandes Deutscher Sonderschullehrer: «Die italienische Seuche darf in Deutschland nicht grassieren.»

Noch älter sind die Bemühungen um Nichtaussonderung in Holland und den skandinavischen Ländern. In Schweden gingen schon Ende der siebziger Jahre über achtzig Prozent aller behinderten Kinder auf eine Regelschule. Wo Sonderklassen nötig sind, weil die schwer mehrfach behinderten Kinder in einer integrierten Klasse überfordert wären, wird sie an eine Regelschule angegliedert. So bleibt der soziale Kontakt zu anderen Kindern erhalten.

Die Mehrheit der Befürworter einer integrierten Schule bestreitet keineswegs, daß es immer Sondereinrichtungen bzw. Sonderklassen für Kinder mit bestimmten Behinderungen geben muß. Die Latte für die integrierte Regelklasse aber kann nicht hoch genug liegen. Unzählige Hindernisse könnten dort durch Ideen, Phantasie und exakte Forschung beseitigt werden. Ein grenzenloser Forschrittsglaube jedoch ist nicht angebracht und würde einzelnen Kindern nur schaden. Erwartungen würden geweckt, die unerfüllbar sind und die Betroffenen nur unter Druck setzen. Es wäre aber nur ein Vorwand, mit dem Hinweis darauf, daß bestimmte Reformen in naher und ferner Zukunft unerreichbar seien, das heute Mögliche zu hintertreiben. Der Soziologe und Philosoph Max Horkheimer, gestorben 1973, hat solche angeblichen Realisten – in seinen «Notizen in Deutschland» – trefflich entlarvt: «Sei mißtrauisch gegen den, der behauptet, daß man entweder nur dem großen Ganzen oder überhaupt nicht helfen könne. Es ist die Lebenslüge derer, die in der Wirklichkeit nicht helfen wollen und die sich vor der Verpflichtung im einzelnen bestimmten Fall auf die große Theorie hinausreden. Sie rationalisieren ihre Unmenschlichkeit.»

Mit den integrierten Kindergärten und Kindertagesstätten hat es auch einmal klein angefangen. Dort ist das Zusammenleben von behinderten und nichtbehinderten Kindern zwar noch immer nicht die Regel, aber keine Utopie mehr. Um die hundert Projekte laufen überall in der Bundesrepublik und alle haben nach vierjähriger Forschungsarbeit 1983 in einer Studie des Deutschen Jugendinstituts ein hervorragendes Zeugnis bekommen. Erstens: «Integrative Kindergärten bieten in der Regel für behinderte Kinder bessere Förderungsmöglichkeiten als Sondereinrichtungen.» Zweitens: «Die nichtbehinderten Kinder profitieren vom Zusammenleben mit behinderten Kindern.» Damit ist bestätigt, was überall das Zusammenleben von Behinderten und Nichtbehinderten prägt, wenn es wirklich vollzogen wird: Es profitieren beide davon. Die Studie schließt aus Beobachtungen, «daß es für nichtbehinderte Kinder eine ausgesprochene Bereicherung darstellt, sich um behinderte Kinder zu kümmern und an deren Lernprozessen teilzuhaben». Umgekehrt zeigen sich bei behinderten Kindern «beachtliche Fortschritte insbesondere in der motorischen und sprachlichen Entwicklung wie auch im sozialen Verhalten». In keinem Kindergarten gab es unüberwindliche Kontaktschwierigkeiten. Das Fazit dieser Studie ist eindeutig: Die Zeit ist reif, die Ausnahmesituation des integrierten

Kindergartens zu beenden und ihn zu einer Regeleinrichtung zu machen.

«Behinderte Familien» wollen sein wie alle anderen. Doch einmal in die Außenseiterposition gedrängt, ist der Weg zurück in die Welt der Normalen nicht leicht. Sondereinrichtungen verführen dazu, sich in Schonräumen einzurichten und Schwierigkeiten aus dem Weg zu gehen: *Seit mein Sohn in die Integrationsklasse geht, muß ich umlernen. Der behütete Rahmen der Sondereinrichtung ist nicht mehr da. Jetzt bin ich zum erstenmal mit der Behinderung richtig in die Welt gestellt. Es war für uns beide schwer. Ich habe in den ersten Wochen tausend Ängste ausgestanden. Er büchst nämlich gerne aus, und das Schulgebäude ist natürlich nicht abgeschlossen. Im Sonderkindergarten sind alle Türen verrammelt. Ich wußte, da ist er mittags noch da. Das ist ein gutes und einfaches Gefühl.*

Es sind die Eltern, die sich überwinden müssen, ihr Kind in die feindliche Welt zu schicken, wenngleich unter optimalen Bedingungen. Und mehr als in der Sonderschule werden sie durch die integrierte Klasse wieder einmal mit der Behinderung ihres Kindes konfrontiert: *Durch die normale Umgebung wird nichts beschönigt oder relativiert. Was die äußerlichen Leistungen betrifft, gehört mein Kind zu den Letzten in der Klasse. Aber in diesem Rahmen kann ich das akzeptieren. Ich weiß, er wird dort gefördert, und darauf hat er Anspruch. Aber es gibt Dinge, die kann er nicht und die wird er nie können.* Ist dieser erneute Augenblick der Wahrheit überwunden, erfahren die Eltern im Laufe der Zeit, daß außer dem unverkrampften Umgang und den sozialen Kontakten, die sie finden, sich bei ihrem Kind unerwartet Leistungen zeigen, die über das Vergleichbare in der Sonderschule hinausgehen. Das ist eine Überraschung, die Freude macht. Doch der Grund, warum sich Eltern engagieren und soviel Zeit und Kraft in das Unternehmen «integrierte Klasse» stecken, ist ein anderer: *Wir wollten uns nicht ins Getto begeben. Und wir wollten, daß unser Sohn so selbständig wie möglich wird. Er soll nicht in einer Sondereinrichtung behütet, sondern ins Leben gestellt werden.*

Wenn sich nach dem Ende der Sonderkindergarten-Zeit die Wege trennen, meldet sich bei den Eltern, die sich für die Sonderschule entschieden haben, das Mißtrauen. Es ist fast wie ein Verrat: *Vier Eltern aus dem Sonderkindergarten wollten eine Integrationsklasse. Die anderen waren sehr skeptisch. Sie dachten, wir wollten die Behinderung unserer Kinder verdrängen und sie ins Leistungssystem pressen.* Das allerdings wäre ein verhängnisvoller Irrtum, der Eltern und Kinder unglücklich machen würde: wenn sich hinter dem Wunsch nach Integration die Illusion versteckt, das Kind könne es doch noch mit den anderen, «normalen» aufnehmen und die geforderten Leistungen erbringen.

Die Eltern, die sich für eine integrierte Schule engagieren, wissen, welche Vorwürfe ihnen gemacht werden: *Wir kommen vor allem aus der bürgerlichen Mittelschicht. Wir können uns artikulieren. Wir können mit dem Schulrat, mit den Behörden reden. Wir können uns in der Öffentlichkeit darstellen.* Eine andere Kritik gilt Modellversuchen, die strenge Kriterien an die Aufnahme der behinderten Kinder stellen. Die Befürchtung ist nicht ganz unbegründet, daß behinderte Musterkinder ausgebildet werden sollen, die durch Leistung ihre Behinderung wettmachen und sich so den Eintritt in die Welt der Tüchtigen erkaufen. Eine solche Schule würde nur beweisen, daß in dieser integrierten Welt wieder kein Platz für die Schwächsten ist.

Solche Kritik muß man ernst nehmen. Aber sie kann die positive Grundidee und die Experimente insgesamt nicht in Mißkredit bringen. Über allen Mängeln und Anfangsschwierigkeiten darf nicht vergessen werden, daß in den integrierten Klassen das Zusammenleben von Behinderten und Nichtbehinderten erfolgreich erprobt wird. Was nützt ein integrierter Kindergarten, wenn danach die gemeinsame Zukunft schon wieder zu Ende ist? Auf den Erfahrungen der Pioniere können Eltern, Pädagogen und Psychologen aufbauen. Der eine hat die Kraft und die Möglichkeit voranzugehen. Der andere folgt lieber auf einem gesicherten Pfad. Es sind immer wenige, die den Vorreiter spielen. Und es zeigt sich schon, daß ihr Engagement nicht umsonst war. Ohne die wenigen, mutmachenden Experimente wäre ein sehr viel weiterführendes Projekt nicht möglich, das seit dem Herbst 1982 an der Berliner Uckermark-Schule läuft.

An dieser Schule im Bezirk Schöneberg ist ein Zukunftstraum – mit Abstrichen – Wirklichkeit: Alle Kinder dieses Wohnbezirks – ob behindert oder nicht – werden in der für sie zuständigen Uckermark-Schule aufgenommen. Mit drei integrierten Vorschulklassen und drei ersten Klassen hat man angefangen. Die Forderung der Lehrer, auch geistig behinderte Kinder aufzunehmen, hat die Schulbehörde abgelehnt. Dafür setzen die Lehrer alles daran, mehrfach behinderte Kinder nicht auszuschließen. Eine Mutter, deren Sohn bei der Einschulung kaum sprechen konnte, erzählt: *Vor allem hat er heute Kontakt zu Kindern. Früher waren nur Erwachsene um ihn. Er hatte ein stereotypes Spielverhalten. Jetzt spielt er ganz normal. Da alle Kinder – im Gegensatz zu anderen Modellversuchen – im gleichen Bezirk wohnen, ist es viel unproblematischer, sich auch nach der Schule zu treffen. Was alle Kinder eifrig nutzen.*

Auch Kinder können grausam sein und Außenseiter mit ihrem Spott verfolgen. Doch fast alle Eltern behinderter Kinder machen die Erfahrung: *Das Problem sind die Erwachsenen, nicht die Kinder.* Wachsen nichtbehinderte Kinder im gleichen Wohnblock mit behinderten auf und werden sie von den Eltern ernst genommen, dann verliert die Behinderung nach der ersten Neugier für sie das Stigma des Andersartigen. Sie gehen ohne Scheu mit ihren behinderten Artgenossen um. Sie sind stolz, wenn sie die Windeln wechseln oder andere Handreichungen machen dürfen. Und sie haben keine Hemmungen, die Behinderten gegen Angriffe anderer Kinder entschieden ohne Sentimentalitäten zu verteidigen. Eine Mutter hörte, wie der Nachbarjunge ihre behinderte Tochter gegenüber dem Vorwurf «Das ist ein doofes Kind» in Schutz nahm: *Er sagte: «Sie kann gar nicht doof sein, weil sie krank im Kopf ist. Aber du bist nicht krank im Kopf. Also bist du doof, wenn du so etwas sagst.»*

Ein Kapitel über die Nichtaussonderung von den Regelschulen kann nicht daran vorbeigehen, daß auch die «behinderten Eltern» untereinander nicht immer solidarisch sind. Das schmerzliche Fazit einer Gruppe von Müttern mit Down-Kindern: *Unser Versuch, Eltern von Körperbehinderten in die Gruppe aufzunehmen, ist gescheitert. Sie waren sehr empfindlich und fühlten sich als etwas Besseres als wir mit unsern geistig behinderten Kindern.*

Es ist verständlich, daß der allgemeine Leistungsdruck sich auf die Eltern behinderter Kinder überträgt. Je schwieriger die wirtschaftliche Lage wird, je hoffnungsloser die Zukunftschancen für alle Heranwachsenden, je höher die Zahl der arbeitslosen Behinderten steigt, desto verbissener wird der Versuch mancher Eltern, ihrem Kind in gutgemeinter Absicht Leistungen abzufordern, die es nicht erbringen kann. *Es gibt eine Hackordnung auch in den Sonderschulen. Die Eltern machen sich etwas vor. Sie überfordern ihr Kind und versuchen, sich von den noch Schwächeren abzugrenzen. In unserer Schule weigerten sich die Eltern, daß vier Kinder aus einem Heim in die Klasse aufgenommen wurden. Sie hatten Angst, daß die Leistungen sinken würden.*

Andere Eltern erleben, daß ihr mehrfach behindertes Kind nicht in eine Klasse mit leichter behinderten Kindern aufgenommen wird, weil die anderen Eltern dagegen sind. Es fallen die gleichen Argumente, mit denen sich die Eltern nichtbehinderter Kinder gegen die Integration behinderter Kinder wehren. Sie haben Angst, daß die eigenen Kinder weniger lernen und argumentieren, als hätten sie nur das Wohl der anderen im Sinn: Die schwerer Behinderten könnten viel besser gefördert werden, wenn sie unter sich blieben. Es tut weh, wenn das eigene Kind lästig ist und abgeschoben wird. Es tut besonders weh, wenn von Menschen, die es aus eigener Erfahrung besser wissen müßten, keine Solidarität zu erfahren ist.

Die integrierte Schule als Sonderfall und Insel in einem System von Sondereinrichtungen ist ein Widerspruch in sich. Sie kann nicht das Ende sein, sondern nur Durchgangsstation. Die pauschale Forderung «Schafft die Sonderschulen ab» ist anregend für die Diskussion, führt in der Praxis aber nicht weiter. Eine solche radikale Lösung ist nicht in Sicht. Gerade die Eltern behinderter Kinder sollten die kleinen Schritte, die Fakten schaffen, nicht verachten. Diese winzigen Fortschritte sind nur möglich, wenn die Eltern behinderter und nichtbehinderter Kinder, die auf Grund ihrer Lebenssituation Ausdauer und Kampfkraft haben, weiterhin Breschen in unbekanntes Gelände schlagen, in die mit der Zeit andere folgen können. Nicht um irgendwelcher hehrer Ziele willen. Niemand kann von den Eltern behinderter Kinder verlangen, daß sie das Glück ihres Kindes auf dem Altar der Integration opfern. Sie dürfen egoistisch sein – für sich selbst und ihr Kind. Das ist der Motor, der die Eltern antreibt, aus den traditionellen Bahnen auszubrechen: Eine integrierte Schule tut ihrem Kind gut und bringt die gesamte Familie heraus aus der Isolation.

Die Politiker kann man nicht oft genug an ihre eigenen Worte erinnern. Die Nationale Kommission der Bundesrepublik zum Internationalen Jahr des Kindes 1979 erklärte: «Die Förderung der behinderten Kinder muß sich am Prinzip der Integration ausrichten ... Behinderte Kinder sind so weit wie möglich in Regeleinrichtungen gemeinsam mit nichtbehinderten Kindern zu erziehen und auszubilden.»

Beim Prozeß: Es kam alles wieder hoch

Für Behinderung gab es über Jahrhunderte nur zwei Erklärungen: Sie war ein Schicksalsschlag, den die Eltern zu tragen hatten, weil Gottes Ratschlüsse unerforschlich sind. Sie war Schuld der Eltern, für die die Nachkommen zu büßen hatten. In der religiösen Sphäre wurde sie als Sünde gedeutet, über die das jüdische Sprichwort sagt: Weil die Väter saure Trauben gegessen haben, werden den Kindern die Zähne stumpf.

Mit Beginn des naturwissenschaftlichen Zeitalters traten an die Stelle göttlicher Ratschlüsse pseudowissenschaftliche Vererbungslehren, deren Unhaltbarkeit längst von Experten entlarvt worden ist. Es hat lange gedauert, bis die Eltern gegen solche Verurteilungen im Namen von Religion und Wissenschaft revoltierten und bis sie erkannten, daß in vielen Fällen die Verursacher der Behinderung benennbar und haftbar waren. Sie mußten zähen Widerstand überwinden, bis sie öffentlich machen konnten, daß die Männer und Frauen, denen während der Schwangerschaft und in den riskanten Stunden der Geburt Mutter und Kind anvertraut waren, Fehler machten, die irreparabel waren, aber oft vermeidbar gewesen wären.

In der zweiten Hälfte der siebziger Jahre begannen Eltern, vor Gericht zu gehen, um Schadensersatz für das behinderte Leben ihres Kindes zu fordern und Rentenansprüche für die Zeit, wenn sie nicht mehr für ihr Kind sorgen können. Seitdem sind es mehr geworden. Eltern taten sich zusammen und gründeten 1982 einen bundesweiten «Arbeitskreis für Kunstfehler in der Geburtshilfe».

Eltern haben inzwischen auf einem meist jahrelangen Weg durch die Instanzen Erfahrungen gesammelt, die anderen Betroffenen, die Ähnliches noch vor sich haben, helfen können, diese lange und oft schmerzliche juristische Auseinandersetzung ohne Schaden für sich und die Beziehungen zu ihrem Kind durchzuhalten. Denn auch das ist eine Erfahrung: *Man kann Eltern mit einem Prozeß kaputtmachen.*

Wenn Eltern vermuten, daß der Arzt schuld ist an der Behinderung ihres Kindes, steht die Entscheidung für einen Prozeß meistens nicht am Anfang. Typisch ist vielmehr eine Reaktion, die davon ausgeht, daß mit der anderen Seite eine vernünftige Lösung ausgehandelt werden kann: *Wir wollten uns außergerichtlich einigen, zumal der Arzt alles zugegeben hatte.* Eine Mutter, deren außergerichtlicher Einigungsversuch seit über einem Jahr läuft: *Ein Prozeß bringt mir gar nichts. Ich habe keine Rachegelüste. Ich wünsche mir, daß mein Arzt den Fehler einsieht und in Zukunft anders handelt.* Das Bedürfnis, mit dem Arzt zu reden und ihn mit dem zu konfrontieren, was er angerichtet hat, ist groß: *Ich hatte mir einen Termin geben lassen, um meinen Arzt zu besuchen und ihm meinen Sohn auf den Tisch zu legen.*

Aber der Wille zur Einigung wird nicht honoriert. Sehr schnell müssen die Eltern einsehen, daß ihr Wunsch nach einem Vergleich ohne Prozeß Illusion ist. Er scheitert an der Entschlossenheit der Versicherungen, finanzielle Forderungen abzublocken und am Bestreben vieler Ärzte, ihren Nimbus der Unfehlbarkeit um jeden Preis aufrecht zu erhalten. Die Erfahrungen der Eltern, die es gütlich versuchen, gehen alle in die gleiche Richtung: *Der Arzt hat sich mies verhalten. Er hat geleugnet und abgewiegelt. Da haben wir gesagt: «Das lassen wir nicht durchgehen. So kann man nicht mit uns umgehen.»* Karteikarten verschwinden oder werden manipuliert, Geständnisse wieder zurückgezogen. Versicherungen versuchen, die Eltern einzuschüchtern. Die Eltern erkennen, daß sie Klage einreichen müssen, damit ihr Kind finanziell abgesichert ist. *Bei dem Versuch, aufzuklären, wie es zur Behinderung gekommen ist, wird man belogen und betrogen. Wenn die Ärzte sich anders verhielten, ihre Fehler zugeben und offen darüber reden, würde es viele Prozesse nicht geben.*

Sobald die Behinderung erkennbar geworden ist, haben die Eltern eine Frist von zwei Jahren, um Klage einzureichen. Sie stehen also noch ganz am Anfang der Auseinandersetzung mit der unerwarteten und tragisch veränderten Lebenssituation. Eine Zukunft scheint es nicht mehr zu geben. Sie sind verzweifelt. Sie grübeln stundenlang über das, was passiert ist. Sie können es nicht begreifen und sind ratlos, wie es weitergehen soll: *Für diese erste Phase ist ein Prozeß sehr wichtig, weil man seine Wut, seine Enttäuschung und Verzweiflung auf die Person lenkt, die schuldig ist. Man reagiert sich ab. Der Arzt hat eine Entlastungsfunktion. Die Aggressionen, die man ja nicht auf das Kind lenken will, gehen auf den, der die Behinderung verbrochen hat. Um den Prozeß vorzubereiten, muß alles noch mal aufgerollt werden. Das hilft, um sich mit dem, was geschehen ist, ganz bewußt auseinanderzusetzen.*

Doch die Zeitabläufe der Prozesse sind nicht so, daß man diese Abrechnung mit der Vergangenheit in angemessener Zeit hinter sich bringen kann. Weil mit diesen Prozessen juristisches Neuland betreten wird und die Gegenseite alles tut, um die Eltern mürbe zu machen, laufen sie über lange Jahre durch viele Instanzen. Oft zweigleisig, wenn die Eltern Zivilklage und Strafantrag stellen. Die Eltern können nicht aufgeben, da es um die finanzielle Sicherheit für ihr Kind geht. Hinter den Ärzten stehen die Versicherungen, die bisher nicht bekannte Ausgaben in großer Höhe auf sich zukommen sehen. Erst nach und nach sind Mediziner bereit, in Gutachten vor Gericht die schweren Fehler von Kollegen nachzuweisen. Die Richter sind verunsichert, weil sie Entscheidungen treffen müssen, die nur schwer von moralischen und weltanschaulichen Wertungen zu lösen sind.

So reicht der Prozeß meist weit hinein in jene zweite Phase, in der die Familie lernt, mit dem behinderten Kind zu leben, und die Erinnerung an den unumstößlichen Einschnitt in der Vergangenheit langsam verblaßt. Die Gegenwart wird ausgefüllt mit Herausforderungen an die Eltern, an das Kind; mit unerwarteten Fortschritten und neuer Freude am Leben.

An diesem Wendepunkt zum Besseren ist ein Rat wichtig: *Die Eltern müssen zwei Dinge auseinanderhalten – das Leben mit dem Kind und den Prozeß*. Das ist nicht leicht, denn der Prozeß holt ständig die Vergangenheit wieder herauf. *Immer wieder wird etwas aufgewühlt, von dem man froh ist, daß es hinter einem liegt*. Die Erfahrungen sind immer die gleichen und selbst mit noch so kühlem Kopf nicht zu vermeiden: *Beim Prozeß war alles wieder da. Besonders in den Tagen danach. Alles, was einmal durchgestanden war. Alles, was mir inzwischen nichts mehr ausmachte, hat mich wieder betroffen. Ich habe jetzt schon wieder Angst vor dem nächsten Termin.*

Es sind verschiedene Zwiespältigkeiten, auf die die Eltern vorbereitet sein müssen. Einmal das Gefühl der Ohnmacht angesichts der juristischen Erörterungen. Die Eltern und ihr Kind hat eine Katastrophe getroffen, die mit nüchternen Worten in juristischen Formeln und medizinischen Fachausdrücken festgehalten ist. Das Leben des Kindes verläuft innerhalb enger Grenzen, und seine Beschädigungen haben das Leben der Familie von Grund auf verändert. Aber vor Gericht sind solche Aussagen nicht überzeugend. Die andere Seite versucht mit allen juristischen Tricks, die Schuld und damit mögliche Verpflichtungen abzuwälzen. Kleinste Erinnerungslücken an die lange zurückliegenden Ereignisse werden triumphierend ausgebreitet, um die Glaubwürdigkeit der Eltern zu erschüttern. Die Eltern werden als geldgierige Psychopathen dargestellt, und im gleichen Atemzug wird die Frage gestellt, ob ein schwer behindertes Kind überhaupt beseelt ist. Denn wer keine Seele hat, der braucht auch kein Schmerzensgeld.

Eltern behinderter Kinder, die auf Grund falscher ärztlicher Auskünfte keine Schwangerschaftsunterbrechung haben vornehmen lassen, wie es nach § 218 möglich ist, und deshalb prozessieren, wird mit dem Hinweis auf das mörderische «Euthanasie-Programm» der Nationalsozialisten unausgesprochen unterstellt, sie würden ihrem behinderten Kind das Recht auf Leben absprechen bzw. es wohl nicht besonders lieben. Da sitzen plötzlich die Eltern auf der Anklagebank. Als im Januar 1983 einer der ersten Prozesse, in denen Eltern für sich selber und für ihr Kind Schadensersatzansprüche stellen, den Bundesgerichtshof in Karlsruhe erreichte, schrieb Rudolf Gerhardt in der *Frankfurter Allgemeinen Zeitung*: «Die Karlsruher Richter werden sich zu einer Bewertung des Lebens, auch des behinderten Lebens, nicht zu äußern haben, sondern lediglich zu der vergleichsweise nüchternen Frage, wer die finanziellen Lasten eines solchen Schicksals in dem Fall tragen muß, in dem dieses Schicksal vermeidbar gewesen wäre.» Doch eine solche nüchterne Betrachtung ist noch längst nicht selbstverständlich.

Es kostet die Eltern viel Kraft, die öffentlichen Vorwürfe schweigend hinzunehmen. Noch dazu von Menschen, die keine Ahnung haben, was es heißt, mit einem behinderten Kind zu leben. Als Vater oder Mutter möchte man während des Prozesses nicht selten aufspringen und es den Repräsentanten der Justiz in die Ohren schreien: *Wir lieben unser Kind und möchten es so, wie es ist, nicht missen. Gerade weil wir es lieben, kämpfen wir dafür, daß es versorgt ist, wenn wir nicht mehr da sind.*

Aber Emotionen zählen nicht. Sie sind sogar schädlich. *Es brächte nur Nachteile, wenn Eltern vor Gericht erzäh-*

len würden, wie sie es geschafft haben, mit der Behinderung fertig zu werden. Juristisch gesehen ist es sogar besser, wenn man sagt, daß alles ganz schrecklich ist. Daß man am Ende ist, ständig unter Depressionen leidet. Man darf zwar sagen, daß man sein Kind liebt. Sonst wären wir ja Rabeneltern. Ansonsten ist man gezwungen, das Leben mit dem Kind und wie man sich damit eingerichtet hat, zu verleugnen.

Im Prozeß geht es nur um eines, um Geld: *Deshalb müssen die Eltern die Schwere der Behinderung herausstellen und dürfen nichts über ihre positiven Erfahrungen sagen.* Je länger der Weg durch die Instanzen dauert, desto absurder wird die Situation. Das Kind geht in die Sonderschule und die Eltern müssen sich noch immer mit ärztlichem Pfusch während der Schwangerschaft oder der Geburt beschäftigen. Und so passiert es, daß manche Eltern nicht loskommen von der Vergangenheit und noch nach Jahren davon erzählen, als wäre es gestern geschehen.

Die auf Schadensersatz und Rentenanspruch verklagte Gegenseite spielt vor Gericht brutal alle Vorurteile gegenüber «behinderten Familien» aus. Sie setzt die Eltern unter jenen moralischen Druck, den die Umwelt – schweigend oder auch beredt – ausübt und sie vermischt, was nicht zusammengehört und durch ein Gericht auch gar nicht beurteilt werden soll. Als ob Eltern, die prozessieren, aus der Behinderung ihres Kindes Kapital schlagen wollen. Als ob Elternliebe und der Kampf um finanzielle Entschädigung einander ausschließen. Als ob Eltern, die für finanzielle Sonderlasten den Menschen haftbar machen wollen, der sie verursacht hat, dadurch ihr behindertes Kind abwerten.

Alle diese Vorwürfe tauchen vor Gericht auf, werden in der Presse ausgebreitet und selbst von anderen Eltern behinderter Kinder übernommen. Das alles bleibt nicht ohne Eindruck auf Eltern, die vor Gericht aus juristischen Gründen feilschen müssen, als wäre ihr Kind ein Stück Ware, das begutachtet wird. *Es ist grausam, wenn nur davon gesprochen wird, was eine Behinderung wert ist. Wenn argumentiert werden muß, daß es ein Schaden ist, ein solches Kind zu haben, um überhaupt Recht zu bekommen.* Auch bei einem verlorenen Arm oder Bein geht es um Schadensersatz. Aber es ist etwas anderes, wenn es sich um einen ganzen Menschen handelt, den man liebt. Wollen die Eltern diese Spannungen aushalten und sich nicht fertigmachen lassen, müssen sie Prozeß und Leben strikt auseinanderhalten: *Es tut weh, alle die Lügen und Verdächtigungen zu hören. Aber man muß sich sagen: Das läuft nebenher. Das Wichtigste ist das Leben mit dem Kind. Es hilft nur eines: Man muß bewußt auf einen einzigen Punkt zusteuern. Es geht nur darum, daß das Kind eine Entschädigung bekommt.*

Die Diskussion um prozessierende Eltern behinderter Kinder ist so emotionsgeladen, weil diese Eltern dem traditionellen Bild der «behinderten Familie» widersprechen, die klaglos ihr Schicksal auf sich nimmt. Andere betroffene Eltern, die dieses Klischee unter dem Druck ihrer Umgebung verinnerlicht haben, reagieren mit Unverständnis. Die Öffentlichkeit ist auch deshalb verunsichert, weil in diesen Prozessen Mißstände in der Geburtshilfe aufgedeckt werden, die für medizinische Laien erschreckend und unverständlich sind. Gab es nicht gerade auf diesem Gebiet im Vergleich zu den vorangegangenen Jahrhunderten die größten Erfolge zu verzeichnen? Hatte nicht die technisierte Medizin die Vorsorge für die Schwangere und das Ungeborene wesentlich verbessert und die Überlebenschancen von Neugeborenen dramatisch gesteigert? Es war deshalb ein Schock zu erfahren, wie stümperhaft und unverantwortlich in manchen Kreißsälen gearbeitet wurde. Wie sehr Ärzte in der Technik alles Heil suchten und besser sein wollten als die Natur.

Der natürliche Ablauf der Geburt wurde nicht abgewartet, weil Geburtshelfer ins Wochenende fahren wollten. «Programmierte Geburt» hieß die Devise, nach der in immer mehr Kliniken bei Schwangeren routinemäßig künstliche Wehen ausgelöst wurden. Damit beginnt ein Kreislauf voller Risiken und Gefahren, vor allem für das Kind. Denn die außerordentlich starken Schmerzen solcher Wehen müssen durch Betäubungsmittel gedämpft werden. Dazu wurde vor allem eine Spritze in die Gegend um den Gebärmutterhals gesetzt, die sogenannte Parazervikalblockade. Die Betäubungsmittel wiederum dämpfen die Kontraktionen der Gebärmutter, weshalb der Tropf mit den Wehenmitteln schneller gestellt werden muß. Dieser Einsatz der Medikamente kann beim Ungeborenen einen Kreislaufschock und Sauerstoffmangel auslösen, der zu Hirnschädigungen führt.

Nachdem im Februar 1983 Uta König im *Stern* diesen «Teufelskreis» darstellte und über Eltern behinderter Kinder berichtete, für die die «programmierte Geburt» zum «programmierten Leid» geworden war, stellte die Deutsche Gesellschaft für Gynäkologie und Geburtshilfe auf Anregung des Bundesgesundheitsamtes eine «Adhoc-Kommission» zusammen. Sie erließ im Februar 1984 eine Empfehlung und warnte vor den «nicht zu vernachlässigenden Risiken für das Kind» bei Anwendung der Parazervikalblockade. Sie forderte, diese Methode nur in Ausnahmefällen von Fachärzten durchführen zu lassen und die Schwangere über die möglichen Gefahren vorher aufzuklären. Nicht wenige Ärzte sind nachdenklich geworden und auf die Forderungen der Frauen nach einer natürlichen Geburt eingegangen. Sie wollen sich ihre Komplikationen nicht mehr selber schaffen und setzen Technik und Chemie nur dann ein, wenn Gefahr für Mutter und Kind droht.

Eines müssen sich die prozessierenden Eltern immer vor Augen halten: Kein Prozeß, und sei der Ausgang noch so erfolgreich, kann die Behinderung wiedergutmachen. Verhängnisvoll wird es, wenn Eltern erwarten, daß sich durch den Prozeß die Probleme mit dem behinderten Kind lösen. Wenn sie sich zu sehr in den Prozeß vergraben, kann die ständige Erinnerung an die Vergangenheit mit der Frage «Was wäre, wenn . . .» die Eltern hindern, eine unverkrampfte Beziehung zu ihrem Kind aufzubauen und sich den eigenen Schwierigkeiten zu stellen. Wer sich nur noch mit dem Prozeß beschäftigt, bleibt in der Phase der Wut stecken und schafft nicht den Absprung in die Normalität, in die Gegenwart. Er lebt immerzu im Ausnahmezustand und lernt es nicht, wieder fröhlich zu sein – allein und mit seinem Kind. Die Akten dürfen nicht den Blick auf das Kind verstellen. Der Ausgang des Prozesses darf nicht zum Liebesbeweis umfunktioniert werden. Sonst kann eine Niederlage – so enttäuschend sie ist – nicht verarbeitet werden. Sie wird dann zur Quelle von Schuldgefühlen gegenüber dem Kind.

Ein Prozeß hat jedoch auch entlastende Funktion für die Beziehung der Eltern untereinander. Ist ein Kunstfehler die Ursache der Behinderung, muß man sich gegenseitig keine Vorwürfe machen, an der Behinderung schuld zu sein. Eine Frage, die – ausgesprochen oder nicht – manche Ehen belastet und deren Problematik von Eltern bzw. Schwiegereltern noch zusätzlich geschürt wird. Der Arzt gibt ein klares Feindbild. Bleibt die Ursache im dunkeln, fällt es schwer, die Grübeleien abzustellen und den Partner nicht doch insgeheim zu verdächtigen.

Allerdings kann ein Prozeß die Beziehung auch belasten. Oft entwickelt sich ohne jede Absprache eine Arbeitsteilung zwischen den Eltern. Der Mann kümmert sich um den Prozeß und alles, was damit zusammenhängt. Die Mutter muß den Alltag mit dem behinderten Kind bewältigen. Der Vater flieht vor der Auseinandersetzung mit der Behinderung in den Prozeß und sitzt stundenlang über Akten und Gutachten, statt sich mit seinem Kind zu beschäftigen. Kaum ein Gespräch, das sich nicht um den Prozeß dreht. Die Gefahr ist groß: In dem Maße, wie man sich für den Prozeß engagiert, entfernt man sich von seinem Kind. Irgendwann wirft die Frau ihrem Mann vor, den Prozeß wichtiger zu nehmen als das Kind und sie alleinzulassen.

Sind sich die Partner in ihrer Einstellung zum Prozeß nicht einig, kann er auf lange Sicht mit dazu beitragen, daß eine Ehe auseinandergeht. Deshalb noch ein Rat: *Wir überlassen alles unserem Rechtsanwalt und sagen uns auch, daß wir möglicherweise verlieren können. Das wäre zwar schlimm und ungerecht. Aber mit unserer Beziehung zu unserm Kind hat es überhaupt nichts zu tun. Wir suchen nicht im Prozeß unser Heil.*

Es kommt alles darauf an, daß die Eltern einen Prozeß nicht unter falschen Voraussetzungen und mit unerreichbaren Erwartungen führen. Dann kann er in der ersten Zeit helfen, die Katastrophe zu verarbeiten. Er kann verhindern, daß später Schuldgefühle aufkommen, weil man nicht alles getan hat. Und er kann vor allem, wenn er gewonnen wird, den Eltern schwer behinderter Kinder die Möglichkeit geben, mit ihrem Kind zu leben, statt es in ein Heim geben zu müssen oder sich total aufzureiben. Denn wer kann sich aus eigenem Verdienst ganztags eine Pflegerin leisten? Wer kann sich problemlos eine Wohnung oder ein Haus so ausbauen und einrichten, daß für Eltern und Kind das Zusammensein wesentlich erleichtert wird? Denn die physischen Strapazen für die täglichen Handgriffe bei einem Menschen, der sich aus eigener Kraft nicht bewegen kann, sind kaum vorstellbar. Viele Mütter behinderter Kinder leiden vom ständigen schweren Heben unter Bandscheibenschäden, sind lange vor der Zeit physisch erschöpft.

Zermürbend ist für einige «behinderte Familien» der Weg durch die Instanzen der Gerichte. Vielen macht der Umgang mit den Behörden und der ständige Papierkrieg um Erleichterungen, die ihnen per Gesetz zustehen, das

Leben schwer. Da gibt es unsinnige Vorschriften, auf denen die Beamten mit bürokratischer Hartnäckigkeit bestehen: *Als wir an unserem Haus eine Rampe für den Rollstuhl unseres Sohnes anbauen wollten, hieß es: Sie muß so breit sein, daß sich zwei Rollstuhlfahrer begegnen können.* Da gibt es Bemerkungen von den zuständigen Sachbearbeitern, die weh tun: *Auf der Behörde hörte ich: «Die lassen sich dafür bezahlen, daß sie ihr Kind zu Hause haben können.»* Manche Eltern schämen sich, Pflegegeld für ihr behindertes Kind zu beantragen. Die Erfahrungen, die andere machen, sind nicht immer ermutigend: *Beim Sozialamt wurden wir behandelt, als ob wir der letzte Dreck wären.*

Es fällt denen, die ihre Sinne und ihre Körperteile gebrauchen können, schwer, Solidarität zu üben. Dabei geht es nicht darum, den «behinderten Familien» Privilegien zukommen zu lassen. Durch Geld läßt sich Behinderung nicht aufheben. Hinter den finanziellen Erleichterungen für behinderte Familien steht die Überzeugung, daß in einer humanen Gesellschaft die Lasten, die stets sehr ungleich verteilt sind, ein wenig umverteilt werden. Und das bedeutet, daß solche solidarische Hilfe nicht erst bei «behinderten Familien» einsetzt, die unter das allgemein übliche Lebensniveau gerutscht sind. Es tut weh, wenn die, die es von Berufs wegen besser wissen müßten, die allgemeinen Vorurteile als eigene Überzeugung artikulieren: *Man ist von der Behinderung so betroffen, daß man gar nicht auf das pocht, was einem zusteht. Ich erfuhr erst vier Jahre nach der Geburt unseres behinderten Kindes, daß wir Anspruch auf Pflegegeld haben. Nachdem ich den Antrag gestellt hatte, kam jemand von der Behörde, inspizierte unsere gesamte Wohnung und sagte: «Was wollen Sie eigentlich, bei Ihnen ist doch alles sehr schön.» Als ob man erst asozial sein muß, bevor man Hilfe bekommt.*

In manchen Fällen gibt es laut Vorschrift eine Unterstützung erst, wenn der Behinderte einen «unangenehmen Geruch» hat oder ein «abstoßendes äußeres Erscheinen». Eine Krankenkasse weigerte sich, weiterhin Massagen für ein schwer behindertes Kind zu zahlen, weil keine wesentliche Besserung mehr zu erwarten ist. Kein Wunder, wenn sich Behinderte und ihre Angehörigen als Menschen zweiter Klasse abgestempelt fühlen. Wenn ihr Selbstbewußtsein auf ein Minimum schrumpft und sie sich völlig zurückziehen. Wenn sie durch Wohlverhalten versuchen, von ihrer Umgebung wenigstens nicht getadelt zu werden. Viele Demütigungen werden hinuntergeschuckt und lassen die alten Narben immer aufs neue aufbrechen: *Eigentlich bin ich eine Kämpfernatur. Aber irgendwann hat man keine Lust mehr, sich immer wehren zu müssen. Man kapituliert und will nur noch in Ruhe gelassen werden.*

Solche Müdigkeit ist zu verstehen. Es ist auch verständlich, daß Eltern sich nicht auf einen Prozeß einlassen, weil sie die Kraft, die sie haben, für ihr Kind und das Leben mit ihm brauchen. Die anderen, die einen Prozeß riskieren, haben zu Recht vor allem das Wohl ihres Kindes im Sinn. Aber zugleich sind sie Pioniere für eine Entwicklung, an der sich das neue Selbstbewußtsein «behinderter Familien» ablesen läßt.

Ins Heim: Ich gebe mein Kind nicht her

«Haben Sie schon einmal daran gedacht, Ihr Kind in ein Heim zu geben?» Kaum eine Frage führt unter Eltern behinderter Kinder zu so unterschiedlichen und zum Teil heftigen Meinungsäußerungen. Die Angst spricht daraus, eines Tages zu einer Entscheidung gezwungen zu sein, die sie nicht ertragen können.

Oft kommt es wie aus der Pistole geschossen: *Mein Kind soll nie ins Heim.* Hinter solcher entschiedenen Abwehr verbirgt sich nicht selten die Traurigkeit darüber, eines Tages für das Kind nicht mehr sorgen zu können.

Eltern, die sich in panischer Verzweiflung oder nach quälender Gewissenserforschung dazu durchgerungen haben, ihr heranwachsendes oder erwachsenes Kind einer anderen Gemeinschaft anzuvertrauen, verfolgt wie ein erdrückender Schatten die Reaktion der Außenwelt. Auf der Suche nach einer Entscheidung belastet sie die Frage: Was werden die anderen denken oder sagen? Denn jene anderen, die nicht durch Behinderung oder chronische Krankheit in der Familie in solchen Entscheidungszwängen stehen, vertreten in dieser Sache eine unerbittliche, eine doppelte Moral.

Noch immer ist die Meinung weit verbreitet, daß Behinderte in ein Heim gehören, weil man Gesunden den Anblick dieser Menschen nicht zumuten könne. Wie es das Krüppelfürsorge-Gesetz des Landes Preußen 1920 definierte: «Ein Krüppel gehört als solcher in eine Anstalt.» In diesem Geist entschied ein Frankfurter Gericht 1980, daß Urlauber Anspruch auf Schadensersatz haben, weil ihre Erholung durch den Anblick von Behinderten gestört wurde. Und Behinderte kann man ohne Skrupel abschieben, da sie angeblich unfähig zu sozialen Kontakten sind. Es reicht, wenn sie gut verwahrt werden.

Dagegen steht ein anderes, ebenso hartnäckiges Klischee: Kinder gehören zu ihren Eltern, es komme, was da will. «Lieben Sie eigentlich Ihr Kind?» wurde die Mutter eines schwer behinderten Sohnes von ihrer Arbeitskollegin gefragt, weil sie – allein lebend und berufstätig – ihren Sohn für fünf Tage in der Woche in einem nahe gelegenen Heim untergebracht hatte. Wie sich Eltern in dieser Frage auch entscheiden, sie tun in den Augen der Gesellschaft das Falsche. Und weil Familienklischees besonders heilig sind, trifft sie im Fall einer Heimunterbringung die ganze Wucht der moralischen Verurteilung durch ihre Umwelt.

Heim: Ein belastetes und beladenes Wort. Die Heime des vorigen Jahrhunderts waren nicht als Zwangsanstalten gegründet. Pastor Bodelschwingh, der Vater von Bethel, hatte sehr fortschrittliche Ansichten über sinnvolle Arbeit als Therapie. Die Behinderten sollten unter menschenwürdigen Umständen leben. Der Alltag sah in vielen Heimen trotz guter Vorsätze oft anders aus. Es wurden bloße Verwahranstalten, in denen zum Teil Zustände herrschten, die niemand seinen Kindern wünschen konnte.

In den vergangenen Jahren hat es Veränderungen zum Besseren gegeben. Heime, in denen die Kinder bei Nacht und bei Tag als Pflegefälle in vergitterten Betten liegen, sind die Ausnahme. Zwar gibt es immer noch viele, in denen das Personal nicht ausreicht oder ungeschult ist und die Kinder wenig Förderung und Anregung erhalten. Wo mehr Ordnung als Zuneigung regiert. Aber auch das ist Realität: Große Institutionen haben sich in kleinere Einheiten aufgelöst, Wohngruppen und dorfähnliche Gemeinschaften sind entstanden.

Trotzdem bleibt die Entscheidung selbst bei optimaler

Unterbringung für viele Eltern ein wunder Punkt. Das Unverständnis und die soziale Ächtung der anderen, die eigenen uneingestandenen Ängste, die Vernunftgründe verbinden sich zu einem Knäuel, das unentwirrbar ist. Wieder ist niemand da, mit dem sie offen über ihre widerstreitenden Gefühle reden können, ohne mißverstanden zu werden. Eine Mutter, die ihren Sohn nach langen inneren Kämpfen in ein Heim gab, erinnert sich: *Es wäre viel einfacher gewesen, wenn ich jemanden zum Reden gehabt hätte.*

Wo Eltern behinderter Kinder in Gruppen zusammenkommen, haben sie mehr Mut, sich früh der Diskussion zu stellen. Diese Eltern sehen sich gemeinsam Heime und Wohngruppen an, wenn ihr Kind noch klein ist und reden offen darüber, daß bei einer Heimunterbringung zwei Überlegungen im Spiel sind. Es geht um ihre eigenen Bedürfnisse und um die Entwicklung ihrer Kinder: *Wenn meine behinderte Tochter achtzehn oder zwanzig Jahre alt ist, soll sie – wie andere Kinder auch – unser Haus verlassen. Eine Wohngemeinschaft wäre die schönste Lösung. Mir hilft der Gedanke sehr, daß sie eines Tages aus dem Haus geht. Ich bin bereit, alles für meine Tochter zu tun. Aber allein das Gefühl, du bist nicht auf Lebzeiten an dieses Kind gebunden, läßt mich die Sache ganz anders angehen.* Eine Mutter, deren vierzehnjährige Tochter seit zwei Jahren in einem Heim wohnt, hatte sich schon früh mit dieser Frage auseinandergesetzt: *Ich kenne Eltern mit erwachsenen behinderten Kindern, und ich habe mir gesagt: Wenn du alt bist, möchtest du das Kind nicht mehr ständig betreuen. Und wenn mir etwas passiert und das Kind müßte plötzlich und ohne weiteren Kontakt zu den Eltern in ein Heim, ginge es kaputt. Jetzt weiß ich, daß sie sich in ihrer neuen Umgebung wohl fühlt. Sie wird liebevoll behandelt und hat beste Therapiemöglichkeiten.* Es ist allerdings ein ideales Heim: Die Betreuer scheuen sich nicht, bei Problemen mit dem Kind die Eltern anzurufen und um Rat zu fragen.

Jede Veränderung ist ein Risiko, vor dem man Angst hat. Wird der Fortgang aus der Familie vielleicht das Ende der emotionalen Bindungen bedeuten? Vor allem bei geistiger Behinderung fürchten die Eltern, daß mit der Entfernung die emotionale Distanz wächst. Wird ihr Kind sie wiedererkennen? Wird es auf den Verlust der Familie mit Aggressionen reagieren? Wird es vielleicht sein seelisches Gleichgewicht verlieren?

Wieder müssen die Eltern lernen Abschied zu nehmen: Diesmal von der Illusion, sie seien die einzigen, die sich optimal um ihr Kind kümmern, die einzigen, die ihrem Kind – solange es lebt – emotionale Stabilität geben können. Die gleiche Mutter, die ihre Tochter in ein Heim gab, gesteht: *Vor dem ersten Besuch im Heim hatte ich große Angst. Ich konnte die Nacht davor kaum schlafen. Vielleicht hatte unsere Tochter uns schon vergessen? Wir nahmen sie dann zu einem Besuch mit nach Hause. Einen Tag brauchte sie, bis sie wieder ganz aufgetaut war und so frech wie immer, um uns ihre Zuneigung zu zeigen.* Das sind Anfangsschwierigkeiten. Aber auch in diese Situation wachsen Eltern hinein. Eine Mutter, deren Sohn sieben Jahre alt ist, hat sich vorgenommen: *Er soll nicht immer zu Hause bleiben. Ich will es so, auch wenn es mir schwerfallen wird. Er soll so selbständig wie möglich werden. Es geht nicht darum, das Kind abzuschieben. Ich sehe jetzt schon, daß mein Sohn mit seinesgleichen glücklicher ist. Was kann ich ihm bieten, wenn ich als alte Mutter mit ihm «Mensch-ärgere-dich-nicht» spiele?*

Das sind gute Vorsätze. Ob die Eltern es schaffen, ihre Kinder loszulassen, wenn ein günstiger Zeitpunkt gekommen ist, steht damit noch nicht fest. Denn der natürliche Prozeß der Ablösung, den andere Kinder von sich aus einleiten und zu dem auch räumliche Distanz von den Eltern gehört, fällt bei denen fort, die immerzu auf Hilfe angewiesen sind. Je schwerer die Behinderung, desto größer die Gefahr, daß die emotionale Beziehung der Eltern zu ihrem Kind zu Verstrickungen führt, aus denen sie sich nicht mehr lösen können, und eine Abnabelung unmöglich macht: *Ich wollte meinen Sohn mit sechzehn in eine Wohngruppe geben. Aber ich habe es nicht übers Herz gebracht. Obwohl ich weiß, daß es besser für ihn wäre. Ich kann es nicht. Es dreht mir das Herz um.*

Wenn Eltern aus Liebe und Überzeugung über Jahre hinweg Tag und Nacht nur für ihr behindertes Kind da sind, kann dies zu ihrem einzigen Lebensinhalt werden, dem alle eigenen Bedürfnisse geopfert werden. Mit dem Fortgang des Kindes – so anstrengend es auch sein mag – würde das Leben seinen Sinn verlieren. Ein Vater, der für seine Tochter seinen Beruf aufgab: *Ich würde daran kaputtgehen, wenn mein Kind ins Heim käme. Ich kann es mir einfach nicht vorstellen.* Viele behinderte Kinder sind tatsächlich zu Hause am besten aufgehoben. Aber jedes Opfer hat auch egoistische Antriebe. Es ist schwer, sich über alle Motive ehrlich Rechenschaft zu geben: *Man zögert den Zeitpunkt immer wieder hinaus und denkt: Ich bin ja erst 60, das packe ich noch. Man tut seinem Kind damit keinen Gefallen. Was können ihm denn die Eltern bieten? In einer Wohngruppe würde es sich viel wohler fühlen und viel mehr Anregungen haben.* Das Gefühl einer besonderen Verpflichtung und Verantwortung verstummt nie. Eine Großmutter, die ihr behindertes Enkelkind großzieht und den Antrag für Aufnahme in eine Wohngruppe wieder zurückgezogen hat: *Ich komme von dem Gedanken nicht los, du verrätst das Kind. Es ist so, als würde ich plötzlich «Nein, danke» dazu sagen.* Und die Umwelt tut alles, um das schlechte Gewissen am Leben zu halten.

Eine Mutter, deren Sohn im Heim lebt, erinnert sich: *Als die Idee von Therapeuten zum erstenmal aufgebracht wurde, habe ich sie weit von mir gewiesen und erklärt, ich gebe mein Kind nicht her. Dann habe ich darüber nachgedacht und erkannt, wie egoistisch das ist. Durch die enge Bindung war mein Kind nur auf mich fixiert. Als ich versucht habe, meinen Egoismus abzulegen und mein Kind freizugeben, war ich plötzlich eine Rabenmutter.*

Nicht nur in diesem Fall meldeten sich die, die sich bisher nie um die Probleme mit dem behinderten Kind gekümmert oder es sogar ausdrücklich als Schande empfunden hatten. Geschiedene Ehepartner erklären, ein Heim käme nie in Frage. Schwiegermütter, die zuvor ihren Schwiegertöchtern das Leben schwermachten mit der Bemerkung, daß in ihrer Familie so etwas noch nicht vorgekommen sei, sind nun entsetzt über die schlechte Mutter. So wächst bei den Eltern oder bei einem Elternteil die bittere Erkenntnis, in der Krise allein und angefeindet zu sein.

Es gibt Eltern, quer durch alle sozialen Schichten, für die ist die Behinderung ein solcher Schock, daß sie mit Panik reagieren. Sie geben ihr Kind in ein Heim, ziehen fort in eine andere Stadt, um vergessen zu können, und kommen nie mehr wieder. Nicht jeder hat die Kraft, durch Katastrophen zu gehen und für sich selber oder zusammen mit anderen ein neues Leben zu beginnen.

Andere Eltern ringen sich nach reiflicher Überlegung aus Vernunftgründen dazu durch, ihr Kind in ein Heim zu geben, ohne die Verbindung abreißen zu lassen. Sie tun es nicht, weil ein Heim besser für ihr Kind ist. Sie befürchten, daß die Familie die neue Situation nicht verkraftet. Ein Vater erzählt: *Meine Tochter kam ins Heim, als sie noch klein war. Ich wußte, wir halten es nicht durch, mit einem behinderten Kind zu leben. Von dem Tag an, als diese Entscheidung gefallen war, fühlte ich mich erstmals frei, zu meiner Tochter eine Beziehung aufzunehmen und bewußt daran zu arbeiten.* Jetzt kann es sich der Vater durchaus vorstellen, seine Tochter irgendwann nach Hause zu holen. Sein Fazit: *Es ist falsch, von Eltern zu verlangen, auf Biegen und Brechen ihr Kind zu behalten und ihnen Schuldgefühle aufzwingen, wenn sie es nicht tun.*

Die Hypothek einer solchen Vernunftentscheidung für die Familie ist für viele bedrückend. Eine Mutter gab ihren Sohn ins Heim, weil der Vater keine Beziehung zu ihm aufnehmen konnte und zunehmend mit Aggressionen reagierte: *Das erste halbe Jahr habe ich nur geheult, wenn ich davon sprach oder wenn ich im Heim angerufen habe. Ich hatte ein permanent schlechtes Gewissen. Auch jetzt bekomme ich noch Schuldgefühle, wenn ich nach einem Heimbesuch abfahre. Dann sage ich mir vernünftigerweise: Ich habe auch ein Recht zu leben. Und ich ändere ja nichts. Im Gegenteil, ich mache drei Menschen unglücklich. Inzwischen heule ich nicht mehr. Ich habe es für mich selber langsam gepackt, und ich bin stolz darauf. Aber es war ein mühseliger Prozeß. Von Zeit zu Zeit gibt es andere Augenblicke: Dann wache ich nachts auf und kann nicht schlafen. Ich weiß, er wird im Heim nachts angebunden. Ich versuche, das zu verdrängen. Ich will nicht daran denken.* Eine andere Mutter, alleinstehend und berufstätig, hatte gar keine Alternative. Doch ihre Schuldgefühle wird auch sie nicht los: *Alles, was man für sich selber tut, kommt einem wie gestohlen vor.*

Schuldgefühle sind ein schlechter Ratgeber für den Umgang der Eltern mit dem Heimpersonal, zumal wenn es ohnehin wenig Verständnis für die Eltern zeigt, und mit kühlen Blicken und versteckten Bemerkungen die Wunde offenhält. Die Besuche werden zur Qual und lassen das schlechte Gewissen nie zur Ruhe kommen: *Es sind immer so kleine Sticheleien. Wird mein Sohn krank, versucht man mit Hinweis auf seinen Wochenendbesuch mir die Schuld in die Schuhe zu schieben. Oder ich rufe aus dem Urlaub an und man sagt mir mit dünner Stimme: «Er war ziemlich krank. Na ja, es geht ihm schon etwas besser.» Damit ist mein Urlaub gelaufen. Sie merken gar nicht, wie weh mir solche Bemerkungen tun oder die Unterstellung, ich könnte etwas tun, das meinem Kind schadet. Als ob nur sie die Kinder richtig behandeln.*

Das ohnehin angeschlagene Selbstwertgefühl der Eltern, vor allem der Mütter, zerbröselt vollends. Sie werden unsicher und hilflos, verzichten auf selbstverständliche Rechte und demütigen sich soweit, daß sie dem

Heimpersonal Lügen erzählen: *Ständig entschuldige ich mich. Als ich meinen Sohn Weihnachten nicht wie geplant zu Hause behielt, weil ich merkte, es geht nicht gut, habe ich im Heim erzählt, wir würden einen Skiurlaub machen.* Für viele ist es, als hätten sie aufgehört, die Eltern zu sein. Eine Mutter gesteht: *Ich wage es nicht, Fragen zu stellen. Ich würde mir gerne einmal das Zimmer meines Sohnes ansehen. Aber ich weiß, sie wollen es nicht. Also frage ich gar nicht erst. Ich würde ihm gerne bunte Bettwäsche mitbringen und Bilder für die Wände. Es ist nicht erwünscht, also lasse ich es.* Kleinigkeiten? Es sind Demütigungen und Verletzungen, die tief gehen. Denn in den kleinen persönlichen Dingen, die Eltern ihrem Kind ins Heim bringen, steckt der Versuch, ihre Zärtlichkeit auch während der Abwesenheit sichtbar zu machen und ihrem Kind, wie behindert es auch sei, ein kleines persönliches Eckchen zu schaffen.

Es gibt Heime, wo die Verantwortlichen wissen, wie wichtig solche Kleinigkeiten für die Eltern sind. Sie erlauben ihnen, buntes Bettzeug mitzubringen, Fotografien im Zimmer anzubringen, das Kind zu waschen, um ihm nahe zu sein, wenn sie auf Besuch kommen. Sie raten den Eltern, eine Kassette zu bespielen, die die Kinder mit den Stimmen der Eltern tröstet, wenn sie traurig sind. Wo es in den Heimen weniger menschlich zugeht, wagen Eltern nicht, sich einzumischen, weil sie Nachteile für ihr Kind fürchten. Doch auf lange Sicht bringt es mehr, sich nicht einschüchtern zu lassen. Allerdings ist es wichtig, unter den übrigen Eltern Mitkämpfer zu suchen. Auch hier ist man gemeinsam stärker.

Für alleinlebende Mütter sind die Wochenendbesuche ihrer behinderten Kinder nicht ungetrübt: *Sonntags, wenn er am späten Nachmittag wieder zurück muß, gibt es oft Hetze. Er braucht nur morgens länger zu schlafen, schon ist das ganze Programm durcheinander. Dann bin ich unleidlich und keineswegs die lustige Mama, auch wenn ich es zu überspielen suche.* Für die Eltern können ganz gegensätzliche Reaktionen bei der Rückkehr ins Heim zum Problem werden. Wenn ihr Kind sich freut, sobald es das Heim wiedererkennt, schmerzt das erst einmal, obwohl es ein gutes Zeichen ist. Fängt es an zu weinen, ist es mindestens so schlimm: *Ich gehe nicht eher weg, bis er aufhört zu weinen. Manchmal schieben mich die Schwestern raus, weil ich nicht gehen will. Inzwischen habe ich mich besser in der Gewalt. Aber das schlechte Gewissen bleibt.* Die gleiche Mutter hat inzwischen erkannt: *Mein Verhältnis zu meinem Sohn ist differenzierter geworden, seit er im Heim ist. Ich liebe ihn nicht mehr so abgöttisch.*

Eine dreiundsechzigjährige Frau erzählt von ihrem 39 Jahre alten Sohn, den sie 32 Jahre rund um die Uhr betreute, weil es keine Tageseinrichtung für Schwerbehinderte gab, und in ein Heim wollte sie ihn nicht geben. Dann wurde Anfang der siebziger Jahre die erste Tagesstätte in erreichbarer Nähe eingerichtet: *Mein Sohn war bis dahin völlig auf mich angewiesen. Als ich mich entschloß, ihn in die Tagesstätte zu geben, sagte er die ersten drei Wochen jeden Morgen, wenn der Bus kam: «Heute nicht». Es hat Kämpfe gekostet, ihn daran zu gewöhnen, daß es außer seiner Mutter noch andere Menschen gibt, die für ihn da sind.* Nach rund 40 Jahren engsten Zusammenlebens entschloß sich die Mutter, ihren Sohn freizugeben und ihn in einem neu errichteten Wohnheim anzumelden: *Seit einem Jahr ist er im Heim. Ich bin heute noch nicht damit fertig. Es ist wie ein großes Loch. Ich kann mit meiner Zeit immer noch nicht das anfangen, was ich eigentlich möchte.* Aber sie versinkt nicht im Selbstmitleid, sondern richtet einen kritischen Blick zurück: *Ich muß mir den Vorwurf machen, ihn so verwöhnt zu haben, daß er sich nicht entwickeln konnte. Ich hätte es vorher nicht geglaubt. Aber er hat jetzt mit 40 Jahren im Wohnheim noch Fortschritte gemacht, und darüber habe ich mich unheimlich gefreut.*

Es ist für Eltern nie leicht, die Nabelschnur zu durchtrennen. Wieviel schwerer muß es ihnen bei Kindern fallen, die nicht aus eigener Kraft ihr Leben gestalten können. Sie brauchen das Verständnis der Umwelt und finanzielle Entlastung, um einen solchen Schritt zu tun. Um so unverantwortlicher sind die Absichten der Politiker, durch Sparmaßnahmen die Familie wieder mit der lebenslangen Sorge für das behinderte Kind zu belasten, und den Heimaufenthalt als Abschiebung zu brandmarken. Alle Ansätze von Eltern, eigenen Bedürfnissen Raum zu geben und ihren Kindern mehr Selbständigkeit und eine eigene, wenn auch begrenzte Lebensgestaltung zuzutrauen, sind wieder in Frage gestellt: *Durch den Gesetzgeber ist uns das, was wir uns für die Zukunft vorgestellt hatten, wieder gestrichen worden.* Selbsthilfe heißt das neue Schlagwort.

Es ist wahr: Mit staatlicher Hilfe ist Bürokratisierung und Zentralisierung verbunden. Beides kann zu Bevormundung und Abhängigkeit führen. Gerade die Behinderten fordern mehr Freiraum für eigene Initiativen. Auch Nachbarschaftshilfe ist gut und wichtig, und wir brauchen viel mehr davon. Selbsthilfe ist ein guter Motor, um eigene Energie freizusetzen, nicht träge zu werden und nicht nur zu konsumieren. Eine Millionen-Bevölkerung jedoch braucht andere institutionelle und strukturelle Hilfen für die Schwächeren der Gesellschaft als eine dörfliche Gemeinschaft. Die Familie ist kein Allheilmittel und darf nicht bis zur Zerreißprobe für alles haftbar und verantwortlich gemacht werden. Wer sich nach der Vergangenheit sehnt, wo öffentliche Institutionen überflüssig waren, weil angeblich die Familie alle auffing und für Alte und Schwache bis zu ihrem Tod liebevoll sorgte, erliegt einer gefährlichen Behinderten-Nostalgie. Zwar gab es den Dorfdeppen, der mit seinen Beschränkungen und Sonderlichkeiten Narrenfreiheit hatte, ein bißchen mitarbeiten durfte und in der dörflichen Gemeinschaft Schutz und Schonraum hatte. Aber es lebten auch Schwerbehinderte und geistig Verwirrte, vor denen man sich fürchtete, die ihr Leben lang eingesperrt blieben und wie die wilden Tiere behandelt wurden.

Im Hinblick auf die Einrichtung einer psychiatrischen Anstalt untersuchte der französische Psychiater G. de Cailleux 1875 im Auftrag der Regierung des Schweizer Kantons Fribourg alle 164 psychisch Kranken und geistig Behinderten in der Region. Nur siebzehn von ihnen lebten in einem Hospital oder Pflegeheim. Die übrigen wurden von den Familien versorgt. Menschliche Beziehungen gab es kaum und Beschäftigung der Behinderten in Haus und Hof war selten: «Innerhalb der großen Zahl der chronisch Kranken sind Jahre und Jahrzehnte hinweggegangen, während denen sie halluzinierend, angstvoll oder depressiv untätig in ihrer Kammer saßen oder lagen.» Einige waren mit Ketten oder Riemen gefesselt. Der Psychiater klagte deshalb die Familien nicht an: «Diese Zustände haben im Grunde nichts Erstaunliches an sich, wenn man an die jammervollen Situationen der Familien denkt, die fernab von jeder Hilfe durch Wissenschaft, Kunst und Gebräuchlichkeiten von einem solchen Unglück betroffen sind.» Doch in dem Bestreben, die Familien zu entlasten, begann in Fribourg wie anderswo ein verhängnisvoller Kreislauf. Die psychiatrischen Kliniken und Anstalten für Behinderte waren schon bald nach ihrer Gründung überfüllt und führten – statt zu menschlicher Geborgenheit – zu neuem Elend.

Die finanziellen Hilfen für die Schwächeren und Hilflosen in unserer Gesellschaft müssen unverrückbar festgeschrieben und einklagbar sein, weil die neue Solidarität noch zu sensibel und anfällig ist für die Vorurteile von Jahrtausenden. Die brutale Parole «Hilf Dir selbst, dann hilft Dir Gott» hat immer noch Anhänger. Wozu Menschen fähig sind gegenüber denen, die sich nicht wehren können, haben auch heute Eltern behinderter Kinder nicht vergessen: *Wenn ich Anwandlungen von Depressionen bekomme, dann nicht wegen des Kindes selbst, sondern wegen seiner düsteren Zukunftsperspektiven.* Der soziale Lastenausgleich, gerade 25 Jahre alt, ist ein Stück Humanität, das nicht mehr aufgegeben werden darf.

Es ist an der Zeit, auch von jenen zu reden, die am längsten im Dunkeln blieben, über die bis heute in der Öffentlichkeit wenig berichtet wird, die auch innerhalb der Behinderten-Welt meist das Schlußlicht bilden und vor allem in Heimen leben, weil die physischen und psychischen Strapazen für die Familie zu groß sind. Es sind die Schwerstbehinderten – Menschen, die durch schwerste und vielfache Behinderungen ganz besonders pflegebedürftig und auf fremde Hilfe angewiesen sind. Menschen, die sich im Extremfall überhaupt nicht bewegen und von sich aus keine Kontakte zu ihrer Umwelt herstellen können. Mit denen die Umwelt – von der Familie abgesehen – selbst bei gutem Willen und großer Anstrengung meist nichts anzufangen weiß.

Bis in die Mitte der siebziger Jahre, als überall Sonderschulen und Fördereinrichtungen entstanden, galten sie als «Dauerpflegefälle», bei denen jeder Versuch, Entwicklungsmöglichkeiten auszuloten oder gar in Gang zu setzen, sinnlos schien. Bis 1975 der Bericht zur Lage der Psychiatrie in der Bundesrepublik Deutschland – die «Psychiatrie-Enquete» – diese Aussage machte: «Es gibt praktisch keine untere Grenze mehr für Entwicklungs- und Förderungsfähigkeit und damit für die Bildungsfähigkeit der Behinderten.»

Seitdem hat sich einiges geändert. In vielen Anstalten wurden die Dauerpflegefälle aus ihren Käfigbetten geholt. Mitten in den Städten sind erste Wohnheime für Schwerstbehinderte entstanden. Die Pädagogen bemühten sich, Bildung neu zu definieren und kamen zu dem Schluß, daß man jeden Menschen seinen Möglichkeiten gemäß bilden kann. Kein Mensch hat das Recht, einen andern zum hoffnungslosen Fall zu erklären oder ihm starre pädagogische Ziele aufzuzwingen. Wenn es einem

Schwerstbehinderten nach langem Üben gelingt, die verkrampfte Hand zu öffnen und vielleicht sogar greifen zu lernen, hat er sich ein großes Stück fortentwickelt, ist das auch Bildung.

Das alles ist viel in knapp zehn Jahren. Dagegen stehen negative Erfahrungen der Eltern mit Menschen, die es besser wissen sollten. Diese Erfahrungen dürfen nicht verschwiegen werden: Selbst innerhalb der Behinderteneinrichtungen gibt es starke Abgrenzungen. Alles ist spezialisiert. Für das mehrfach-behinderte Kind ist kaum Platz. Es wird aussortiert, weil es die Erfolgsbilanz schmälern könnte.

Die Mitarbeiter am Rehabilitationszentrum Westpfalz in Landstuhl sind Pioniere bei dem Versuch, die Situation der Schwerstbehinderten und ihrer Familien aufzudecken und Therapie- und Förderungsmöglichkeiten zu entwickeln. Das Ergebnis ihrer ersten Untersuchung 1979: «Die Familiensituation schwerstbehinderter Kinder und Jugendlicher ist eine Katastrophe.» Mit Abstrichen gilt dies auch noch heute in vielen Fällen. Sozialämter behandeln diese Familien wie sozial schwache Gruppen und Almosenempfänger. Das bringt viele dazu, sich solchen Demütigungen nicht auszusetzen und auf ihnen zustehende Rechte zu verzichten. Oft ist das Leben mit einem schwer behinderten Kind in einer Mietwohnung nicht möglich. Einzige Alternative zu einer Heimunterbringung ist der Kauf eines Hauses. Viele Familien sind damit finanziell überfordert. Der Vater muß dazuverdienen oder beim Bauen mithelfen. Die Pfälzer Untersuchung ergab, daß überdurchschnittlich viele Väter vor der Zeit verschlissen werden, an Herz-, Kreislaufschäden und Magenkrankheiten leiden und zu Frührentnern werden.

Die Eltern müssen ihre eigenen Bedürfnisse und Wünsche rigoros unterdrücken. Sie haben keinerlei Zukunftsperspektive. Allein an Pflege muß man für einen schwerstbehinderten Menschen rund fünf Stunden pro Tag rechnen, für die vor allem die Mutter zuständig ist. Noch stärker als Mütter behinderter Kinder ohnehin steht sie unter dem zwiespältigen Druck ihrer Umgebung. Man erwartet selbstverständlich, daß sie sich für ihr Kind aufopfert und reagiert zugleich mit Vorwürfen und Unverständnis auf ihre enge emotionale Bindung an das Kind. Depressionen und permanente Überforderung sind die Folge.

Es ist unmöglich für Außenstehende, sich ein solches Leben vorzustellen. Und diese behinderten Familien leben in einer solchen Isolation, brauchen soviel Kraft, um zu überleben, daß sie von sich aus keine Schritte auf die Welt der andern zumachen können. Sie haben außerdem zu viele Enttäuschungen, zu viele Nackenschläge erlebt. Sie sehen ihre Situation als ausweglos und haben mit dem Leben abgeschlossen, auch wenn die Anforderungen an sie keineswegs zu Ende sind. Der Vater einer sehr schwer behinderten Tochter zieht Bilanz: *Ich habe zwei Möglichkeiten. Entweder gebe ich das Kind ins Heim und habe dadurch wieder mein Leben. Oder ich gehe mit dem Kind kaputt. Etwas anderes kenne ich nicht.* Die Fürsorge dieser Eltern sieht so aus: *Wir können nicht weggehen. Wir sind Tag und Nacht an das Haus gebunden. Wir müssen auch nachts auf der Lauer liegen, damit sie keine Krämpfe bekommt. Ich stehe jede Nacht ein-, zweimal auf, um meine Tochter umzudrehen. Wenn sie unruhig ist, sind es viermal.* Dieser Vater hat bewußt auf sein eigenes Leben verzichtet: *Ich habe mir schon früh gesagt: Das Kind wird einmal so groß, daß meine Frau das nicht mehr schafft und ich zu Hause bleiben muß. Deshalb habe ich meinen alten Beruf aufgegeben und mir eine Arbeit im Hause aufgebaut, so daß ich tagsüber das Kind betreuen kann. Früher habe ich meinen Urlaub geopfert und oft krank gemacht, wenn das Kind krank war. Irgendwann ging das nicht mehr. Jetzt versuche ich, mich so durchs Leben zu schlängeln.*

Wie kann man das aushalten? Woher holen diese Eltern ihre Kraft? *Wir holen unsere Kraft nirgendwo mehr her, weil wir keine Abwechslung haben. Wir können nicht in Urlaub fahren. Wir können am Wochenende nicht ausgehen. Und Besuch einladen kann man auch nicht. Wenn wir unsere Tochter am Wochenende füttern, die Haare waschen und föhnen, was sie gar nicht gerne hat, dann braucht man drei Stunden, bis man durch ist. Und dann ist man geschafft und froh, wenn man seine Ruhe hat. So geht es Tag für Tag, Woche für Woche. Das ist nun mal so.*

Der Vater versucht sein Verhalten zu erklären und um Verständnis zu werben: *Es ist, als wenn ein gesundes Kind im Bett liegt und krank ist. Dann kommen die Eltern doch auch und sind fürsorglich. Man kann ein Kind doch nicht einfach abschieben.* Wer will Eltern vorwerfen, daß sie zuviel Liebe in ihre Kinder investieren? Daß sie sich selbst gar nichts mehr gönnen, weil ihnen sonst bewußt würde, auf was sie alles verzichten? Daß es für sie nur ein rigoroses Entweder-Oder gibt: *Ich würde mein Kind nie ins Heim geben. Ich weiß, es ist keine leichte Arbeit. Aber ich muß zuerst an mein Kind denken. Wenn ich es ins Heim gebe, bin ich ein kalter Mensch. Dann kümmert mich das nicht. Oder aber ich opfere mich auf. Aber dann soll das Kind es auch gut haben.*

Es gibt Menschen, die neigen dazu, sich aufzuopfern. Eltern schwer behinderter Kinder haben am Anfang gar keine Alternative, wenn sie ihr Kind nicht ins Heim geben wollen. Es ist nur normal, daß sie verlernen, an sich selbst zu denken. Und dann machen sie die Erfahrung, daß weit und breit niemand ist, der sie versteht und bereit ist, ihre Belastungen mitzutragen. Die Eltern verschließen sich und haben das Gefühl, aushalten zu müssen gegen eine Welt von Gleichgültigkeit und Ablehnung. Haben sie etwa keinen Stolz? So richten sich diese Eltern darauf ein, auf einer einsamen Insel zu leben, die einen mehr, die anderen weniger: *Man findet sich mit diesem Leben ab. Ich jedenfalls, meine Frau weniger. Man muß einfach einsehen, daß es nicht anders geht. Das ist so, als wenn man selber körperbehindert ist und sich sagen muß, du mußt auf vieles verzichten. Es nützt nichts, wenn man Träume hat, und sie doch nicht verwirklichen kann.* Wer so spricht ist einsam und hat keine Solidarität erfahren. Ihm ist niemand begegnet, dem er vertraute. Mit dem er über seine Situation reden konnte, ohne kritisiert oder mißverstanden zu werden. Nur wenn die Eltern schwerstbehinderter Kinder Menschen finden, die einfühlsam sind und Verständnis für ihre Skrupel und ihre emotionalen Verflechtungen haben, können die Eltern im Gespräch über ihre Ängste offen reden und lernen, eigene Wünsche erst einmal zuzugeben und sie sich in weiteren Anläufen vielleicht zu erfüllen. Es liegt an den anderen, den Eltern das Gefühl zu geben, daß die Liebe zu ihrem schwer behinderten Kind keine neurotische Marotte ist. Und daß sie keine Rabeneltern sind, wenn sie sich für ein Heim entscheiden.

Wer solchen Menschen begegnet und wen keine finanziellen Sorgen drücken, hat die Chance, die Ausweglosigkeit zu überwinden. Der Anfang allerdings ist immer der gleiche: *Ich hatte keinerlei Kontakte. Ich dachte, es sei ganz selten, daß man ein so schwer behindertes Kind bekommt und ich die einzige in der Stadt. Erst mit der Zeit habe ich entdeckt, daß es das öfter gibt.* Die Wende kam, als diese Eltern nach anderthalb Jahren im Urlaub andere Eltern schwerstbehinderter Kinder trafen. Da begann der Kontakt zu ihrer schwerstbehinderten Tochter langsam enger zu werden: *Obwohl meine Tochter ein totaler Pflegefall ist, empfinde ich sie nicht als Belastung und fühle mich nicht eingeengt. Wir fahren alle zusammen in Urlaub und für einige Stunden gebe ich sie schon mal an Freunde. Wir haben ideale Wohnverhältnisse und sie ist immer dabei.* Allerdings gilt auch für diese Mutter: *In Gesprächskreisen mit anderen Müttern behinderter Kinder kann ich nie mitreden. Manchmal denke ich, wenn ich die Probleme hätte, wäre ich froh.*

Die Untersuchungen in der Westpfalz ergaben, daß

von den Behinderten rund vier Prozent schwerstbehindert sind. Eine überschaubare Gruppe, die gerade deshalb gut zu fördern wäre. Und damit können sich die andern, die Nichtbetroffenen, nicht an der Frage vorbeimogeln, ob ein allgemeiner Konsens besteht, diese Schwächsten und ganz und gar Hilflosen nicht nur gut zu pflegen sondern auch zu fördern.

Sind wir wirklich überzeugt, daß alle, aber auch wirklich alle Menschen auf ihre Weise bildungsfähig sind? Soll man Menschen, die auf dem Entwicklungsstand eines Neugeborenen stehen, mit viel Zeit und Geld die Erfahrung beibringen, lächeln zu können, wenn sie sich freuen oder auf Ansprache mit minimalen Ausdrucksmöglichkeiten zu reagieren statt alles unbeteiligt zu ertragen? Ist das vernünftig? Sinnvoll? Seien wir ehrlich: Nicht alle werden diese Fragen bejahen. Viele halten solches Engagement und die Ausgaben für solche Förderung für sinnlos.

Der moderne Mensch hat es gelernt, allem auf den Grund zu gehen, Analysen vorzunehmen und die Dinge zu entzaubern. Das klärt vieles und hilft weiter. Liebe und Solidarität jedoch lassen sich nicht mit vernünftigen Kategorien messen und erklären. Bertolt Brecht hat als Hoffnung in finsteren Zeiten das Ziel gesteckt, «daß der Mensch dem Menschen ein Helfer ist». Jenseits der religiösen Begründungen gibt es eine Erklärung, warum die Solidarität zu den Schwächsten eine Voraussetzung menschlicher Gemeinschaft ist: weil sie Menschen sind. Niemand muß sich schämen, daß er glücklich ist. Oder sich schuldig fühlen, daß es ihm gut geht. Er muß nur wissen und darf es nie vergessen: Entweder hat jeder Mensch einen Anspruch auf Glück oder gar keiner.

Nicht jeder kann mit schwer behinderten Menschen umgehen. Nicht jeder kann selber aktiv werden. Aber jeder kann mithelfen, dafür einzutreten, daß auch der Schwächste einen Anspruch auf Glück hat, wie auch immer er eingelöst werden kann. Auf das Lächeln eines Menschen mit einem Lächeln reagieren zu können, bedeutet für einen Behinderten einen Augenblick des Glücks.

Wie alle Eltern behinderter Kinder wehren sich die Eltern, die schwerstbehinderte Kinder umsorgen, gegen Bewunderung und Mitleid. Doch sie leben in einer extremen Situation und extrem ist auch ihr Einsatz an Kraft, Verzicht und Liebe. Eine Liebe, die grenzenlos ist, mögen die Behinderungen ihrem Kind noch so viele Grenzen setzen.

Werden wir alle neu leben lernen?

Die traditionellen Behinderten-Verbände – als Eltern-Selbsthilfe entstanden – waren wichtig in den Anfängen und sind es auch heute noch. Aber kaum eine Institution kann der Verkrustung und Bürokratisierung entgehen. Viele Eltern haben das Gefühl, mit ihren Problemen von den traditionellen Verbänden nicht mehr ernst genommen zu werden. Sie fordern mehr Mitbestimmung und wollen die Entscheidungen über ihre Kinder nicht den offiziellen Repräsentanten und Funktionären überlassen: *Im Vorstand sitzen Ärzte und Rechtsanwälte. Wir Eltern haben nichts mehr zu sagen. Als wir für unsere Tagesstätte Verbesserungsvorschläge gemacht hatten, gingen einige der Herren bei einer Besichtigung im Laufschritt durch die Räume und sagten hinterher: «Was wollen Sie denn? Ihre Kinder sind doch glücklich.»* Die Verbände haben inzwischen erkannt, daß sie Fehler gemacht haben und bemühen sich, die Eltern und die erwachsenen Behinderten wieder mit in die Verantwortung zu nehmen.

Weil die Eltern mit den alten Institutionen unzufrieden waren, und ihnen die Arbeit dort zu unbefriedigend war, haben sie sich in den vergangenen Jahren immer häufiger aufgemacht, durch eigene Initiative aus der Verzweiflung herauszufinden. Eltern- und vor allem Müttergruppen sind entstanden. Der Anfang ist nicht leicht: *Obwohl wir alle freiwillig kamen, versteckten sich viele erst hinter einem Schutzpanzer. Es war gar nicht so leicht, die Frauen aus ihrer Isolierung herauszulocken. Aber jetzt, nach zwei Jahren, ist die erste Zeit der Tränen für uns vorbei.*

Die Funktion der Gruppe in der ersten Zeit ist überall gleich: *Die Mütter reden über ihre Tränen, ihre Gefühle. Ihre Verzweiflung wird nicht vom Tisch gewischt, und sie ist auch keinem peinlich.* Weil jeder weiß, daß der andere die gleichen Ängste und Probleme hat, ist es leicht, ehrlich zu sein: *Die Gespräche mit den anderen Müttern haben mir geholfen. Ich habe gelernt auszusprechen, daß mir manchmal die Geduld mit meinem Kind ausgeht und ich es am liebsten an die Wand werfen könnte. Ich kann das sagen, ohne mich zu schämen.* Wer neu zur Gruppe kommt, weil er gerade erfahren hat, daß sein Kind behindert ist, dem können die anderen glaubhaft sagen: *Es ist keine Katastrophe. Man kann lernen, damit zu leben.*

Die Gruppe ist auch ein Rückhalt für den einzelnen in Krisensituationen: *Manchmal braucht man jemanden zum Schimpfen oder Weinen, weil man fix und fertig ist. Es ist gut, dann mit jemandem zu sprechen, der mit denselben Schwierigkeiten fertig werden muß, aber nicht bereit ist, alles hinzunehmen und zu schlucken.* In der Gruppe werden negative Erfahrungen mit Ärzten oder Behörden ausgetauscht, Informationen und Tips weitergegeben. Und hier sind die Eltern bereit, Kritik anzunehmen, wenn sie zu sehr im Selbstmitleid versinken.

Natürlich gibt es Stunden, in denen man frustriert in der Runde sitzt: *Eine Mutter, deren Kind auf einem Auge blind ist, jammerte jedesmal aufs neue darüber. Es fiel mir schwer, sie zu akzeptieren. Eine solche Behinderung kann ich mir für meine zwei schwer behinderten Kinder nur wünschen.* Doch wer bleibt und weiter zuhört, lernt, geduldiger und toleranter zu werden: *Ich habe diese Mutter schließlich doch verstanden. Für sie ist diese Behinderung eben das Schlimmste. Um das zu lernen ist es gut, wenn die Elterngruppen gemischt sind und die Kinder nicht alle die gleiche Behinderung haben.* Die Gruppe ist auch ein Ort, wo man neuen Mut und neue Kraft auftankt. *Durch das, was ich dort gehört habe, ist meine Bewunderung für andere Mütter sehr gewachsen, und ich habe oft gedacht: «Wie schaffen die das bloß? Da bist du noch gut dran.» Es hilft, besonders, wenn man mal ganz unten ist.*

Am Ende kann die Gruppe lebenswichtig werden, wenn die Eltern neue Verzweiflung erleben, weil ihr behindertes Kind gestorben ist: *Eine Mutter kommt auch nach dem Tod ihrer kleinen Tochter noch zu uns. Sie weiß, daß wir mit ihr trauern und ihren Schmerz verstehen und nicht etwa denken: Gott sei Dank ...*

Menschen, die eine schwere Krise durchmachen, sind hinterher nicht mehr die gleichen, wenn sie die Erschütterung nicht abgeblockt haben: *Die Behinderung meines Sohnes hat mich dazu gebracht, über mich selber nachzudenken und an mir zu arbeiten. Ich habe durch diese Erfahrung für mich gewonnen und dafür muß ich dankbar sein.* Wo Außenstehende nur noch Ausweglosigkeit sehen, können die Betroffenen noch Positives entdecken.: *Ich wußte, meine Tochter kann wieder Krämpfe bekommen, hatte aber nie damit gerechnet. Als sie dann auftraten, bin ich ganz schön aus dem Tritt gekommen. Solange man noch etwas tun kann, selbst wenn es nur Medikamente sind, geht es noch. Aber wenn ich nichts mehr machen kann und weiß, ich bin hilflos, dann ist es aus. Das ist das Schwerste. Aber selbst hier hilft die Zeit. Die Angst geht wieder weg. Die Erfahrung hilft einem, auch wenn sie schlimm war.*

Die Eltern behinderter Kinder wissen, daß man auch unter den besten Voraussetzungen Probleme nicht so verarbeiten kann, daß sie sich in nichts auflösen. Es bleibt immer ein Rest. Es gibt immer Rückfälle in die Traurigkeit: *Dann setze ich mich eben hin und heule ein bißchen.*

Wer in eine persönliche Krise gerät, den tröstet in der ersten Verzweiflung nicht der Hinweis auf die Ungerechtigkeiten in der Welt oder auf Strukturen in der Gesellschaft, die möglicherweise am Unglück des einzelnen schuld sind. Aber wer es geschafft hat, nach einer Katastrophe wieder Lebensmut zu schöpfen, blickt über die Privatsphäre hinaus und sieht plötzlich Zusammenhänge und Realitäten, die er vorher nicht beachtet hat: *Die Behinderung meines Kindes hat bei mir den Sinn für Randgrup-*

pen geschärft. Eltern, die zur Randgruppe geworden sind, registrieren, wie die Mehrheit mit den Minderheiten insgesamt umgeht. Wie sehr Wirklichkeit und schöne Worte auseinanderfallen.

In diesem Buch erzählen Eltern, wie sie mit dem Schock der Behinderung fertig werden. Wie sie lernen, ihr Kind zu lieben und so zu akzeptieren, wie es ist. Wie sie als «behinderte Familie» wieder Spaß am Leben finden. Es sind die ersten Jahre, in denen dieser Lernprozeß abläuft und sich entscheidet, ob und wie die Familie aus der Krise herausfindet. Doch die Konfrontation mit einer Welt, in der Behinderte längst nicht ihren selbstverständlichen Platz haben, hört nie auf. Die Zukunft, an die doch alle Eltern im Zusammenhang mit ihren Kindern denken, sieht für diese Familien nicht rosig aus.

Heute sind rund 120 000 Schwerbehinderte arbeitslos. Die deutschen Bundesländer zahlen im Jahr knapp 25 Millionen Mark an Bußgeldern, um die per Gesetz vorgeschriebene Quote von Schwerbehinderten in ihren Behörden nicht einstellen zu müssen. Nach Informationen der Bundesregierung vom April 1984 fehlen rund 10 000 Wohnplätze für erwachsene Behinderte. Zugleich ist die Finanzierung der ersten ambulanten Dienste, die einzelne Behinderte und «behinderte Familien» unabhängig machen sollen, völlig ungesichert. Die Erfahrung der Bundesarbeitsgemeinschaft der Clubs Behinderter und ihrer Freunde: «Kommunen weigern sich hartnäckig, den Aufbau von ambulanten Diensten für schwer behinderte Menschen in irgendeiner Weise zu fördern; Kostenträger schieben Antragsverfahren auf die lange Bank und schreiben niedrige und niedrigste Stundensätze für helfende Personen fest.»

Die Elternarbeit, ohne die jede Frühförderung behinderter Kinder sinnlos bleibt, ist vielerorts gefährdet. Die Krankenkassen zahlen nur für medizinische Leistungen, so daß sich für die wichtigen gemeinsamen Gespräche zwischen Eltern, Krankengymnastin, Heilpädagogen und Psychologen kein Geldgeber findet. In den kirchlichen Gemeinden gibt es viel Engagement. Die Institutionen sparen nicht an Deklarationen, aber sie machen große Schwierigkeiten, wenn behinderte Studenten nach Abschluß des Examens in den kirchlichen Dienst eintreten wollen. Ein Pfarrer im Rollstuhl am Altar? Nein, das ist noch lange nicht denkbar. Über eine Architektur, die Probleme der Behinderten einkalkuliert, redet im Nachbarstaat Holland niemand mehr. Sie wird praktiziert. Bei uns feiert man solche Selbstverständlichkeiten, weil sie so selten sind.

Die Liste kann fortgesetzt werden. Doch es gibt eine Dimension, die nicht unerwähnt bleiben darf, wenn es um Behinderung geht. Wer Behinderung nicht als Schicksal hinnehmen will, forscht nach den Ursachen. Niemand kann mehr übersehen, daß jene Ursachen zunehmen, die viel tiefer gehen und umfassender sind als Fehlentscheidungen, für die einzelne haftbar gemacht werden können.

Die Wälder sterben. Tiere zeigen schwere Mißbildungen oder fallen tot um. Gemüse und Obst werden vom Markt gezogen, weil der Boden vergiftet ist. Und der Mensch soll die Vergiftung der Umwelt ohne Schaden überleben? Die Beschwichtiger reden von Panikmache und verweisen darauf, wie schwer es ist, den ursächlichen Zusammenhang zwischen Umweltverschmutzung und Krankheit und Behinderung nachzuweisen.

Doch die Zusammenhänge werden immer offensichtlicher. Wo die Luft stark mit Schwefeldioxid und Staub belastet ist, treten wesentlich häufiger Bronchialerkrankungen wie der Pseudo-Krupp vor allem bei Kleinkindern auf. In keiner deutschen Stadt gibt es so viel Rückstände des schweren Gifts Dioxin wie in Hamburg – in Mülldeponien, in der Flugasche von Müllverbrennungsanlagen und in dem, was die Herstellerfirma jahrelang durch die Schornsteine jagte. Ist es Zufall, daß Hamburg die höchste Rate an Mißbildungen bei Neugeborenen in der Bundesrepublik hat? Im Februar 1984 erklärten sich die US-Firma Dow Chemical und andere chemische Firmen bereit, 180 Millionen Dollar an Vietnam-Veteranen zu zahlen, in deren Familien Fehlgeburten und von Geburt an behinderte Kinder nachgewiesen wurden. Die Männer waren während des Krieges mit einem dioxinhaltigen Gift in Berührung gekommen, mit dessen Hilfe die Amerikaner den Dschungel entlauben wollten. In Vietnam stieg die Anzahl behinderter Kinder rapide.

Wir müssen im Großen neu leben lernen und zu radikalen Veränderungen bereit sein, wie es die Eltern behinderter Kinder im Kleinen begonnen haben. Die Frage ist nur, ob wir es freiwillig tun oder erst durch eine Katastrophe klüger werden. Der Mensch hat es allerdings weit darin gebracht, vor Widersprüchen die Augen zu verschließen. Während die Medizin immer größere Fortschritte macht, Ungeborene schon im Mutterleib zu behandeln, fahren wir fort, Krankheiten und Behinderungen selbst zu produzieren. Bei den Ungeborenen und bei denen, die ihr Leben fast hinter sich haben.

Was ist das für eine Welt, in der die Mehrzahl der arbeitenden Menschen vorzeitig in Rente gehen muß, weil sie mit ihren physischen oder psychischen Kräften am Ende ist? Wenn wir mit den Augen der «behinderten Eltern» sehen, erkennen wir, wie wenig die traditionellen Ideale und Vorstellungen von Gesundheit, Leistung, Fortschritt und Glück noch der Wirklichkeit entsprechen. Aber immer noch müssen sich alle an ihnen messen lassen. Es versucht ein jeder, seine «Behinderungen» zu verbergen. Und es gelingt ja auch, wenngleich mancher darüber zum Krüppel wird. Bei der gut gemeinten Aussage «Wir sind alle behindert» ist deshalb Vorsicht angebracht. Sie kann leicht zur billigen Wahrheit werden, um keine Konsequenzen ziehen zu müssen. Es besteht die

Gefahr, daß damit die Situation «behinderter Familien» verniedlicht wird und wir uns vom solidarischen Lasten-Ausgleich und von wirklichen Veränderungen freisprechen.

Am Ende kommen mir viele Erinnerungen. Erinnerungen, die bleiben werden. Da ist der Vater, der sein eigenes Leben aufgegeben hat und nun am Nachmittag mit seiner schwer behinderten Tochter auf dem Balkon sitzt, sie umarmt und sagt: *Die Menschen sind brutal und gnadenlos. Es ist immer nur eine Minderheit, die Solidarität kennt.* Da ist die Gruppe junger Mütter, die auf die Frage, ob sie denn auch Zeit für sich selber haben, spontan und lachend wie aus einem Munde sagen: Natürlich! Da ist das Heim in dem schwerstbehinderte Kinder mit Liebe und Fachkenntnis umsorgt werden. Da ist jene Familie, die seit fünfzehn Jahren ihre Tochter mit großer Zärtlichkeit umgibt und niemals eine Reaktion erlebt hat, nicht das kleinste Lächeln. Aber sie hält zu ihr und gibt nicht auf. Da sind die Tränen einer Mutter, die ihr Kind im Heim unterbrachte, um ihre Familie zu retten.

In dem Roman ‹*Die Pest*› von Albert Camus kämpft Dr. Rieux gegen die mörderische Krankheit an, auch als sein Kampf absurd und aussichtslos erscheint. Nachdem alles vorbei ist, schreibt er einen Bericht über diese Zeit: «Er wollte schildern, was man in den Heimsuchungen lernen kann, nämlich, daß es an den Menschen mehr zu bewundern als zu verachten gibt.»

Adressen, die weiterhelfen

Arbeitsgemeinschaft Spina bifida und Hydrocephalus e.V.
Feldstr. 31
5750 Menden
Tel. (0 23 73) 6 75 76

Arbeitskreis Kunstfehler in der Geburtshilfe e.V.
Rosental 23
4600 Dortmund 1
Tel. (02 31) 52 58 72
Telefax 52 60 48

Bundesarbeitsgemeinschaft der Clubs Behinderter und ihrer Freunde e.V. (Ce Be eF)
Eupener Str. 5
6500 Mainz 1
Tel. (0 61 31) 22 55 14

Bundesarbeitsgemeinschaft der Eltern und Freunde schwerhöriger Kinder e.V.
Pirolkamp 18
2000 Hamburg 65
Tel. (0 40) 6 07 03 44
Telefax 6 07 23 61

Bundesarbeitsgemeinschaft Hilfe für Behinderte e.V.
Kirchfeldstr. 149
4000 Düsseldorf 1
Tel. (02 11) 31 00 60
Telefax 3 10 06 48

Bundesverband «Hilfe für das autistische Kind e.V.»
Bebelallee 141
2000 Hamburg 60
Tel. (0 40) 5 11 56 04
Telefax 5 11 08 13

Bundesvereinigung Lebenshilfe für geistig Behinderte e.V.
Postfach 80
3550 Marburg/Lahn 7
Tel. (0 64 21) 4 00 10
Telefax 40 01 67

Bundesverband für spastisch Gelähmte und andere
Körperbehinderte e.V.
Brehmstr. 5
4000 Düsseldorf 1
Tel. (02 11) 62 66 51
Telefax 61 39 72

Deutscher Blindenverband e.V.
Bismarckallee 30
5300 Bonn 2
Tel. (02 28) 40 37
Telefax 35 77 19

Deutsche Gesellschaft zur Förderung der Gehörlosen und
Schwerhörigen e.V.
Rotschildallee 16a
6000 Frankfurt 60
Tel. (0 69) 45 92 37

Deutsche Behindertenhilfe
Aktion Sorgenkind e.V.
Franz-Lohe-Str. 17
5300 Bonn 1
Tel. (02 28) 22 61
Telefax 22 62 66

Mit Kindern leben

Praktische Tips, Ideen, Anregungen. Ratgeber für den Umgang mit Kindern im Alltag.

Caren Adams / Jennifer Fay
Ohne falsche Scham *Wie Sie Ihr Kind vor sexuellem Mißbrauch schützen können*
(rororo sachbuch 8498)

Gisela Brehmer
Aus der Praxis einer Kinderärztin
Entwicklung - Vollwert-Ernährung - Erste Hilfe im akuten Krankheitsfall - Alternative Heilmethoden
(rororo sachbuch 8388)

Tobias Brocher
Wenn Kinder trauern *Wie Eltern helfen können*
(rororo sachbuch 7950)

H. Clemens / R. Bean
Selbstbewußte Kinder *Wie Eltern und Pädagogen dazu beitragen können*
(rororo sachbuch 8822)

Tilo Grüttner
Helfen bei Legasthenie
Verstehen und üben. Geschichten
(rororo sachbuch 8326)

Rita Haberkorn
Zwillinge *Handbuch für Eltern, Freunde und Erzieher*
(rororo sachbuch 7975)

H. Häsing / G. Gutschmidt
Handbuch Alleinerziehen *Mit Rechtsratgeber*
(rororo sachbuch 8896)

A. Kettner / E. Haug-Zapp
Das Kindergartenbuch *Was Eltern wissen müssen*
(rororo sachbuch 8790)

rororo sachbuch

Jan-Uwe Rogge
Kinder können fernsehen *Vom sinnvollen Umgang mit dem Medium*
(rororo sachbuch 8598)

Horst Speichert
Mit Kindern leben *Ein Lesebuch*
(rororo sachbuch 8494)

Das rororo-Elternlexikon
Herausgegeben von Horst Speichert und Bernhard Schön
(rororo sachbuch 7981)

Ewa Rossberg
Einzelkinder
(rororo sachbuch 8454)

R. Voß / R. Wirtz
Keine Pillen für den Zappelphilipp
Alternativen im Umgang mit unruhigen Kindern
(rororo sachbuch 8431)

Das gesamte Taschenbuchprogramm «Mit Kindern leben» finden Sie in der Rowohlt Revue. Jedes Vierteljahr neu. Kostenlos in Ihrer Buchhandlung.

3413/1a

Mit Kindern leben

Schwangerschaft, Geburt und die ersten Lebensjahre.

Penny Blackie
Mit 35 das erste Kind *Überlegungen und Erfahrungen*
(rororo sachbuch 8436)

Hermann Bullinger
Wenn Männer Väter werden *Schwangerschaft, Geburt und die Zeit danach im Erleben von Männern*
(rororo sachbuch 7751)
Wenn Paare Eltern werden *Die Beziehung zwischen Frau und Mann nach der Geburt des Kindes*
(rororo sachbuch 8096)

Irene Dalichow
Sanfte Massagen für Babys, Kinder und Eltern *Liebe, die durch die Haut geht*
(rororo sachbuch 8597)

Ulrich Diekmeyer
Das Elternbuch 1 - 6
(rororo sachbuch 9120 - 9125)

R. Hilsberg / C. Scheilke, /B. Schön
Schwangerschaft, Geburt und erstes Lebensjahr *Ein Begleiter für werdende Eltern*
(rororo sachbuch 8519)

Cornelia von Hoerner-Nitsch
Das Schmusebuch *Zärtliche Spiele für Babys, Kinder und Eltern*
(rororo sachbuch 8531)

Inge Kelm-Kahl
Hausgeburt - besser für Mutter und Kind *Die neuen Erkenntnisse, die richtige Vorbereitung*
(rororo sachbuch 8762)

rororo sachbuch

Anne-Bärbel Münchmeier
Spielen mit kleinen Kindern und Babys *Ideen - Anregungen - Spielzeug im Test*
(rororo sachbuch 7900)

Deborah Jackson
Drei in einem Bett *Schlafen mit Kind*
(rororo sachbuch 8766)

Horst Speichert / Erhard Dietl
Mama, Papa, höret die Signale *Das Tagebuch der aufregenden neun Monate bis zu meiner Geburt. Mit Daumenkino*
(rororo sachbuch 7805)

C. Lauterbour / M. Lehners / C. Thommes
Stillen: Ein Handbuch von A-Z
(rororo sachbuch 9191)

J. Steidinger / K. J. Uthicke
Frühgeborene *Von Babys, die nicht warten können*
(rororo sachbuch 8504)

Ein Gesamtverzeichnis der Reihe *mit kindern leben* finden Sie in der *Rowohlt Revue*. Jedes Vierteljahr neu. Kostenlos in Ihrer Buchhandlung.

3413/3

Mit Kindern leben

Praktische Tips, Ideen, Ratgeber. Anregungen für den Umgang mit Kindern in der Freizeit.

Helga Biebricher
Scherzfragen, Rätsel, Schüttelreime *Vergessenes und Neues zur Unterhaltung*
(rororo sachbuch 7662)

Gela Brüggebors
Körperspiele für die Seele *312mal Bewegung, Entspannung, Energie. Anregungen zur Psychomotorik*
(rororo sachbuch 8526)
Klüger als die Eltern... *Mentale Spiele für Kinder*
(rororo sachbuch 9354)

Kristina Hoffmann-Pieper
Basteln zum Nulltarif *Spiel und Spaß mit Haushaltsdingen*
(rororo sachbuch 7955)

Barbara Cratzius
Noch mehr Fingerspiele und andere Kinkerlitzchen *Eine Wundertüte für neue Spiellust mit kleinen Kindern*
(rororo sachbuch 8574)
Gute Besserung! *Spiele, Rätsel, Spaßgeschichten: Zeitvertreib für kranke Kinder*
(rororo sachbuch 8768)

Walter Diem
Spielausflüge *Ralleys und Spiele im Grünen*
(rororo sachbuch 8443)

Sharla Feldscher
Das Spiel- und Aktionsbuch *Spaß für Kinder, Eltern, Pädagogen*
(rororo sachbuch 8867)

Bettina Hannsz
Kinder mögen Yoga *Entspannung für Körper und Seele*
(rororo sachbuch 9130)

3413/3b

rororo sachbuch

K. u. H. J. Hoffmann-Pieper
Basteln ohne Gift *Mit Einkaufsführer*
(rororo sachbuch 8853)

Karin Mönkemeyer
Mit Kindern Umwelt und Natur Entdecken:
Frühling
(rororo sachbuch 8828)
Sommer
(rororo sachbuch 8829)
Herbst
(rororo sachbuch 8830)
Winter
(rororo sachbuch 8831)

Beate Seeßlen-Hurler
Kinderfeste *Vorschläge für den Feierspaß von groß und klein*
(rororo sachbuch 8302)

E. Wüpper / Zirkus Kralle
Kinder, Clowns und Kapriolen *Zirkus zum Selbermachen*
(rororo sachbuch 8440)

Ein Gesamtverzeichnis der Reihe mit *kindern leben finden* Sie in der *Rowohlt Revue*. Jedes Vierteljahr neu. Kostenlos in Ihrer Buchhandlung.

Pädagogik bei rororo

H. u. J. Bußmann
Unser Kind geht auf die Waldorfschule *Erfahrungen und Ansichten*
(rororo sachbuch 8736)

B. Esser / Ch. Wilde
Montessori-Schulen *Zu Grundlagen und pädagogischer Praxis*
(rororo sachbuch 8556)

Wulf Wallrabenstein
Offene Schule - Offener Unterricht
Ratgeber für Eltern und Lehrer
(rororo sachbuch 8752)
Dieses Buch lädt ein zu einer Entdeckungsfahrt in den Offenen Unterricht und Offene Schulen und informiert engagiert über Wochenplan, Morgenkreis, entdeckendes Lernen und viele weitere Brennpunkte.

Horst Speichert
Richtig üben macht den Meister
Das Erfolgsprogramm gegen Lernfehler, Verlernen und Vergessen
(mit kindern leben 7875)

K. Dietrich / G. Landau
Sportpädagogik *Grundlagen, Positionen, Tendenzen*
(rororo sport 8623)

Dieter Lenzen
Pädagogische Grundbegriffe
Band 1: Agression - Interdisziplinarität
Band 2: Jugend - Zeugnis
(rowohlts enzyklopädie 487 + 488)

Christoph Lindenberg
Waldorfschulen: Angstfrei lernen, selbstbewußt handeln *Praxis eines verkannten Schulmodells*
(rororo sachbuch 6904)

rororo sachbuch

Lutz van Dick
Alternativschulen *Information, Probleme, Erfahrungen*
(rororo sachbuch 7261)

Else Müller
Hilfe gegen Schulstreß
Übungsanleitungen zu Autogenem Training, Atemgymnastik und Meditation. Übungen zum Abbau von Aggressionen, Wut und Spannungen für Kinder und Jugendliche
(rororo sachbuch 7877)

Klaus-Jürgen Tillmann
Sozialisationstheorien *Eine Einführung in den Zusammenhang von Gesellschaft, Institution und Subjektwerdung*
(rowohlts enzyklopädie 476)

Sämtliche Bücher und Taschenbücher zum Thema finden Sie in der *Rowohlt Revue*. Jedes Vierteljahr neu. Kostenlos in Ihrer Buchhandlung.

3419/1

Unser Körper – unser Leben

Unser Körper – Unser Leben *Ein Handbuch von Frauen für Frauen. Überarbeitete und erweiterte Neuausgabe* (2 Bände: rororo sachbuch 8408 und 8409)
Ein Standartwerk der weiblichen Gesundheit, das in dem Bücherschrank keiner Frau fehlen sollte. Entsprechend der neuen amerikanischen Ausgabe von "Our bodies, Ourselves" wurde auch die deutsche Ausgabe vollständig aktualsiert.

Unser Körper – Unser Leben Über das Älterwerden *Ein Handbuch für Frauen* (rororo sachbuch 8841)
Wie *Unser Körper – Unser Leben* ist dieses Buch ein Gemeinschaftsprojekt und beruht auf den Erfahrungen vieler Frauen. Es richtet sich an alle, die ihr Leben und ihr Älterwerden selbst in die Hand nehmen wollen. Denn: Niemand wacht auf und ist plötzlich siebzig, und unser Wohlbefinden hängt weniger von den Jahren ab, die wir schon gelebt haben, als davon, wie wir mit uns selbst umgegangen sind.

Ruth Bell (Hg.)
Wie wir werden - Was wir fühlen *Ein Handbuch für Jugendliche über Körper, Sexualität, Beziehungen. Überarbeitete und erweiterte Neuausgabe* (rororo sachbuch 8823)
Fakten, Berichte, Bekenntnisse und Informationen zu allen Themen, die das Leben zwischen 12 und 20 so aufregend, irritierend, schwierig und schön machen.

rororo sachbuch

Nathaniel Branden
Ich liebe mich auch *Selbstvertrauen lernen* (rororo sachbuch 8486)

M. James / D. Jongeward
Spontan leben *Übungen zur Selbstverwirklichung* (rororo sachbuch 8301)

Thomas Grossmann
Eine Liebe wie jede andere *Mit homosexuellen Jugendlichen leben und umgehen* (rororo sachbuch 8451)

John Selby
Einander finden *Übungen zur Psychologie der Begegnung in Freundschaft, Beruf und Liebe* (rororo sachbuch 7991)

Sämtliche Bücher und Taschenbücher zum Thema finden Sie in der *Rowohlt Revue*. Jedes Vierteljahr neu. Kostenlos in Ihrer Buchhandlung.

3405/1

Körper und Gesundheit

Frederic F. Flach
Depression als Lebenschance *Seelische Krisen und wie man sie nutzt*
(rororo sachbuch 7168)

Jennifer James
Trübe Tage *Wege aus dem weiblichen Stimmungstief*
(rororo sachbuch 8840)
Dieses leicht zugängliche, praktische Buch wendet sich an alle Frauen, die sporadisch in leichte Depressionen verfallen und immer wieder von Melancholie und Mutlosigkeit eingeholt werden und beschreibt mit Humor und Selbstironie wie "frau" dagegen angehen kann.

Was wir alles schlucken *Zusatzstoffe in Lebensmitteln*
Herausgegeben von der KATALYSE Institut für angewandte Umweltforschung
(rororo sachbuch 8465)

Gunter Schmidt
Das große Der Die Das *Über das Sexuelle*
(rororo sachbuch 8459)

Dagobert Tausch
Taschenlexikon der Medizin *Über 17.000 Namen, Begriffe und Methoden aus allen Bereichen der Medizin - präzise und allgemeinverständlich erklärt*
(rororo sachbuch 6285)

H. Hemminger / V. Becker
Wenn Therapien Schaden *Kritische Analyse einer psychotherapeutischen Fallgeschichte*
(rororo sachbuch 9137)

rororo sachbuch

Ursula Lambrou
Familienkrankheit Alkoholismus *Im Sog der Abhängigkeit*
(rororo sachbuch 8771)
Alkoholismus ist eine Familienkrankheit: Erst langsam wird die volle Bedeutung dieses Satzes auch hierzulande einer breiteren Öffentlichkeit bewußt. Die Autorin, Pädagogin mit psychologischer Ausbildung in den USA, hat das erste deutsche Buch zu diesem wichtigen Thema geschrieben.

Inge Nordhoff / "pro familia"
Wenn Mädchen die Pille wollen ... *Alles über Liebe, Sexualität, Verhütung*
(rororo sachbuch 7930)

Sämtliche Bücher und Taschenbücher zum Thema finden Sie in der *Rowohlt Revue*. Jedes Vierteljahr neu. Kostenlos in Ihrer Buchhandlung.

3406/2